I0100005

ÉTUDES

SUR

L'ART DE CONDUIRE LES TROUPES

PAR

VERDY DU VERNOIS

COLONEL CHEF D'ÉTAT-MAJOR DU 1ᵉʳ CORPS D'ARMÉE

DEUXIÈME VOLUME

LA DIVISION DE CAVALERIE FAISANT PARTIE D'UNE ARMÉE

DEUXIÈME PARTIE

AVEC DEUX CROQUIS

TRADUIT DE L'ALLEMAND

Par A. MASSON, capitaine d'État-major

BRUXELLES

LIBRAIRIE MILITAIRE C. MUQUARDT

MERZBACH & FALK, ÉDITEURS LIBRAIRES DE LA COUR

MÊME MAISON A LEIPZIG

PARIS, J. DUMAINE

30, RUE ET PASSAGE DAUPHINE

1875

L'ART

DE

CONDUIRE LES TROUPES

ÉTUDES

SUR

L'ART DE CONDUIRE LES TROUPES

PAR

VERDY DU VERNOIS

COLONEL CHEF D'ÉTAT-MAJOR DU 1ᵉʳ CORPS D'ARMÉE

DEUXIÈME VOLUME

LA DIVISION DE CAVALERIE FAISANT PARTIE D'UNE ARMÉE

DEUXIÈME PARTIE

AVEC DEUX CROQUIS

TRADUIT DE L'ALLEMAND

Par A. MASSON, capitaine d'État-major

BRUXELLES
LIBRAIRIE MILITAIRE C. MUQUARDT
MERZBACH & FALK, ÉDITEURS, LIBRAIRES DE LA COUR
MÊME MAISON A LEIPZIG

PARIS, J. DUMAINE
30, RUE ET PASSAGE DAUPHINE

1875

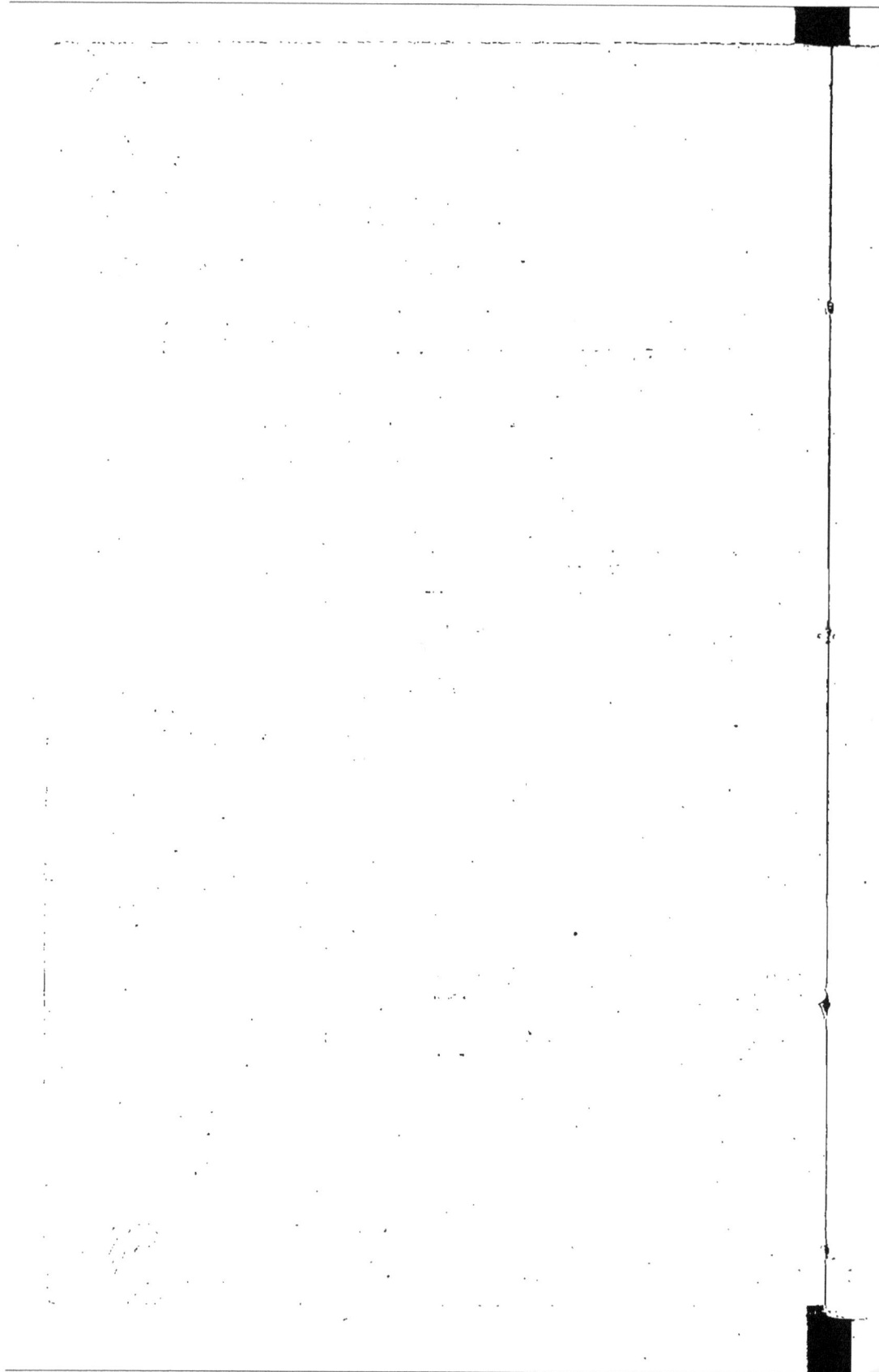

TABLE DES MATIÈRES

———◆◇◆———

LE 1er AOUT.

———◆◇◆———

LE 1ᵉʳ AOUT.

Jusqu'à 8 heures du matin.

(Planche 3 de la 1ʳᵉ partie.

La nuit du 31 juillet au 1ᵉʳ août, la 1ʳᵉ division de cavalerie occupait les positions suivantes :

COLONNE DE DROITE.

Brigade de cavalerie légère.

Avant-postes : 2ᵉ régiment de dragons.

Grand'garde du 2ᵉ escadron sur la hauteur et près de la ferme de Dieffenbach.

Le 4ᵉ escadron à Ingolsheim, ayant une grand'-garde en avant sur la grande route.

Un peloton du 3ᵉ escadron au pont du chemin

de fer sur le Behlbach, le reste de l'escadron au nord du pont.

Gros des avant-postes.

1er et 2e escadrons du 2e dragons, à l'exception d'un demi-peloton, bivouaqués entre Ingolsheim et Riedseltz.

Reste de la brigade de cavalerie légère.

1er régiment de dragons en partie dans Riedseltz, en partie bivouaqué à côté du village.

Brigade de grosse cavalerie.

Avant-postes : 2e et 3e escadrons du régiment de uhlans près d'Ober-Seebach, ayant leurs grand'gardes en avant.

Gros de la division :

État-major de la division et de la brigade, 1er et 4e escadrons du régiment de uhlans à Riedseltz-Oberdorf.

Régiment de cuirassiers et 2e batterie à cheval bivouaqués près de Riedseltz-Oberdorf.

Détachement sanitaire à Gutleihof.

Convois et trains à Altenstatt, sous l'escorte d'un peloton du 2e escadron du 1er dragons et d'un peloton du 1er régiment de cuirassiers.

COLONNE DE GAUCHE.

Avant-postes : S'étendant de Keidenbourg à Ober-Lauterbach, leur gros à Siegen.

2 escadrons du 1er régiment de hussards.

Gros de la 3e brigade, à Schleithal.

2 escadrons du 1er régiment de hussards.

4 escadrons du 2e régiment de hussards.

3e batterie à cheval.

D'après l'ordre préparé le 31 juillet à 4 h. du soir, la colonne de droite devait partir à 6 h. du matin et se porter jusqu'à la forêt de Haguenau par la route de Soultz. La brigade de hussards devait commencer son mouvement à 5 h. 15 m. et marcher sur Nieder-Roderen par la route de Tombach, en observant en même temps celle de Lauterbourg à Seltz. Elle avait ordre de s'arrêter à Nieder-Roderen, d'y attendre de nouveaux ordres et de profiter de ce répit pour éclairer la forêt au sud du village.

On savait qu'on avait devant soi trois escadrons du 7e chasseurs à Schœnenbourg; un autre escadron avait été signalé sur la route de Seltz à

Lauterbourg, mais on ignorait encore où il s'était arrêté.

Dans la soirée, le général de division avait encore examiné avec attention s'il n'y avait pas lieu de faire rejoindre la brigade de hussards. Il était tout naturel qu'il désirât concentrer ses forces et il devait s'y croire engagé par la situation de cette brigade, qui n'avait pas de forces sérieuses devant elle. Mais, d'un autre côté, les renseignements qu'elle avait recueillis sur l'ennemi étaient loin d'être complets ; rien même ne disait que l'adversaire ne fût pas très rapproché de notre aile gauche. Or, si l'on découvrait trop tôt cette partie de la vallée du Rhin, et que l'ennemi finît par y pénétrer avec de grandes forces, la colonne de droite se verrait immédiatement arrêtée dans ses opérations.

Cette raison détermina le général à ne rien changer à ses dispositions, quoique jusqu'alors l'ennemi ne fût signalé en force que sur sa droite.

Dès 4 h. du matin, des patrouilles de dragons avaient été envoyées en reconnaissance et n'avaient signalé aucun changement dans la position des avant-postes de l'adversaire.

Peu de temps après, un escadron ennemi parut à l'est de la route et repoussa ces patrouilles ; la grand'garde placée au sud d'Ingolsheim marcha à sa rencontre, mais elle fut obligée de se retirer également. Le commandant des avant-postes fit passer rapidement le pont d'Ingolsheim à une partie du

4ᵉ escadron pour empêcher l'ennemi de reconnaître nos positions et lança en même temps le 3ᵉ escadron sur le flanc des chasseurs par le pont du chemin de fer.

Les chasseurs se retirèrent aussitôt sur Schœnenbourg ; le 3ᵉ escadron les suivit jusqu'à Hunspach. Le 4ᵉ s'arrêta à sa hauteur sur la route. Les vedettes ennemies occupaient les mêmes emplacements que la veille.

Il était 6 h. Les troupes étaient rassemblées et prêtes à se mettre en mouvement. Le 1ᵉʳ dragons et la batterie avaient rejoint les deux escadrons de l'autre régiment de la brigade qui avaient formé le gros des avant-postes.

Dès 5 h. du matin, le général de division avait fait partir l'escadron de uhlans qui devait se porter dans la direction de Rittershoffen, et à six heures il s'était rendu lui-même sur la hauteur au nord d'Ingolsheim. Il reçut en chemin, à quelque distance d'Ingolsheim, un rapport de la brigade de hussards, daté de 5 h. du matin, lui annonçant qu'il n'était rien arrivé pendant la nuit, que la brigade allait partir à 5 h. 30 m. pour marcher vers Tombach, et qu'un escadron se porterait sur Seltz en passant par Ober-Lauterbach. Le rapport ajoutait que l'avant-garde du 11ᵉ corps, avec laquelle on s'était concerté, dirigerait deux escadrons et demi sur Seltz par la route de Lauterbourg, avec ordre de se tenir en communication avec l'escadron de hussards.

Le chef d'état-major remit la dépêche suivante à la patrouille qui avait apporté le rapport et qui devait rejoindre sa brigade à Tombach :

1re div. de cavalerie.

Hauteur au nord d'Ingolsheim,
1er août, 6 h. du matin.

Les avant-postes ennemis sont encore de ce côté de Schœnenbourg.

La tête de la division part en ce moment d'Ingolsheim pour marcher sur Soultz; un escadron de uhlans est parti d'Ober-Seebach et se dirige sur Rittershoffen.

Le chef d'état-major, V.

On reçut en même temps de Wissembourg une dépêche du colonel K., annonçant qu'il ne s'était rien passé d'important, que le reste du régiment de uhlans du 5e corps y était arrivé et allait se porter presque en entier sur la route de Wissembourg à Wœrth, avec ordre de se relier avec la 1re division de cavalerie.

Le général fut très satisfait de savoir maintenant cette route observée par des forces suffisantes.

Il donna immédiatement l'ordre de se mettre en marche au général de la brigade légère qui se trouvait près de lui. Ce dernier avait eu d'abord l'intention de mettre le 1er dragons en tête et de ne relever les avant-postes qu'après qu'ils auraient été dépassés par la tête de colonne.

Mais les deux escadrons d'avant-postes du 2ᵉ régiment ayant dû déjà se mettre en mouvement pour repousser l'escadron ennemi qui était venu en reconnaissance, et se trouvant en contact avec l'adversaire, le général se décida à laisser le 2ᵉ dragons en tête.

Les deux escadrons (1ᵉʳ et 2ᵉ) de ce régiment, qui avaient formé le gros des avant-postes, formèrent l'avant-garde proprement dite, sous les ordres directs du général de brigade. A 600 pas en arrière venaient le 1ᵉʳ dragons avec la batterie à cheval. La brigade de grosse cavalerie quittait en même temps son bivouac de Riedseltz-Oberdorf et prit la grande route de Riedseltz; elle fut rejointe à Ingolsheim par le 2ᵉ escadron de uhlans qui venait d'Ober-Seebach.

La distance de la batterie à la brigade de grosse cavalerie était d'environ 900 pas. A la queue de celle-ci marchait le détachement sanitaire, avec un certain nombre de voitures qu'il avait reçues la veille au soir, par les soins de l'intendance, pour le transport des brancardiers.

Le général de brigade avait dirigé sur Schœnenbourg et Hunspach les deux escadrons d'éclaireurs qui se trouvaient déjà en avant, de manière à menacer et à refouler les avant-postes de l'ennemi sur leur front et sur leur droite, afin de constater la position du gros des forces de l'adversaire.

Le demi-peloton du 2ᵉ escadron, qui avait passé la nuit sur la hauteur de la ferme de Dieffenbach, devait se diriger le long de la lisière ouest du bois de Schœnenbourg, de manière à couvrir le flanc droit de la colonne, et rejoindre ensuite la route de Soultz à Wœrth, par Retschwiller.

Les deux escadrons d'éclaireurs ne rencontrèrent d'abord pas de résistance bien sérieuse. Quelques flanqueurs seulement firent le coup de feu avec ceux des 4es pelotons ; mais quand ils virent ces pelotons s'avancer au trot, ils se replièrent rapidement derrière la hauteur de Schœnenbourg.

Bientôt après, on reçut avis du 3e escadron que, de la hauteur 185, située au sud-ouest d'Hunspach, où s'étaient tenues jusqu'alors les vedettes de l'adversaire, on apercevait, à 3,000 pas en avant de Soultz, un escadron ennemi qui paraissait destiné uniquement à rallier les avant-postes repoussés.

Le 4e escadron continua sa marche par la grande route, laissant Schœnenbourg à gauche, et le 3e traversa le vallon assez encaissé situé au sud-est du village, se dirigeant sur Hermerswiller et Soultz.

L'adversaire, craignant de se voir enveloppé par ce double mouvement, se retira par la ville.

A 6 h. 35 m., le 4e escadron arriva devant Soultz, qu'il fit fouiller et reconnaître de chaque côté ; un peloton fut détaché sur la route de Wœrth, où se montraient quelques cavaliers ennemis, afin de s'assurer si l'adversaire n'avait pas opéré sa retraite dans cette direction. Le 3e escadron longea le village d'Hermerswiller à l'ouest ;

un de ses pelotons le contourna à l'est et un autre se porta au trot vers le chemin de fer.

Ces pelotons se trouvèrent en face d'une forte ligne de flanqueurs qui garnissaient la crête des hauteurs situées au sud du chemin de fer. Les flanqueurs occupaient une ligne trop étendue pour appartenir au seul escadron qu'on avait aperçu et qui s'était retiré sur Soultz; il était plus probable que tout le régiment de chasseurs se trouvait derrière les hauteurs.

Il eût été imprudent de pousser plus loin sans une reconnaissance plus complète; les patrouilles qui s'étaient arrêtées sur le front restèrent en observation, et les deux escadrons en envoyèrent de nouvelles dans les flancs de l'adversaire sur Nieder-Kutzenhausen et Hohwiller, pour reconnaître sa force et sa position.

Avis de la situation des choses fut envoyé à la division. Le 4ᵉ escadron fit occuper par un peloton la gare au sud de Soultz; les deux derniers pelotons restèrent au nord et tout près de la ville à l'est de la grande route. Les deux pelotons qui formaient le gros du 3ᵉ escadron cherchèrent à se mettre à l'abri derrière le saillant d'Hermerswiller au sud-ouest du village. Le 4ᵉ peloton était en flanqueurs au chemin de fer, et le 3ᵉ prit le chemin d'Hermerswiller à Hohwiller.

Depuis quelques minutes, on croyait entendre le canon à une grande distance vers l'est. Le même fait s'était produit aussi à l'état-major de la division, qui avait aussitôt dirigé sur Tombach un officier avec quatre cavaliers du régiment le plus rapproché, pour aller s'assurer s'il y avait quelque engagement à la colonne de gauche. Il était 6 h. 40 m.

En ce moment, la tête de la colonne, c'est à dire les 1er et 2e escadrons du 2e dragons, passait le petit ruisseau qui se trouve à l'ouest de Schœnenbourg. Ces deux escadrons avaient quitté à 6 h. 10 m. le rendez-vous qui avait été indiqué à 1,000 pas au nord d'Ingolsheim ; ils avaient d'abord marché 12 minutes au pas, jusqu'à ce que leur queue fût arrivée sur la hauteur au sud d'Ingolsheim (6 h. 22 m.), et avaient pris ensuite le trot.

Après un trajet de plus de 3,000 pas, ils arrivèrent, à 6 h. 32 m., à proximité de Schœnenbourg et firent une petite halte. Ils contournèrent ensuite le village à l'ouest, ce qui abrégea un peu le chemin et, après 8 m. de pas, ils atteignirent, à 6 h. 40 m., le pont du ruisseau indiqué plus haut.

Le gros de la brigade légère, qui suivait à 600 pas, c'est à dire le 1er dragons et la batterie à cheval, se trouvait en ce moment au nord de Schœnenbourg et avait déjà quitté la route, mais la queue s'y trouvait encore et à 900 pas du village.

La brigade de grosse cavalerie était à 900 pas en arrière, sa queue débouchait d'Ingolsheim ; le détachement sanitaire était encore au nord du village. A l'exception de ce dernier, les têtes de colonne avaient fait environ 5,600 pas depuis leur départ du bivouac ; la colonne occupait près d'une lieue.

Le général C. qui marchait avec le gros du 2ᵉ dragons, ayant vu, aussitôt après avoir passé le ruisseau déjà mentionné de Schœnenbourg, les escadrons d'éclaireurs s'arrêter, et ayant reçu immédiatement après (6 h. 42 m.) l'avis dont il a été parlé plus haut, fit sortir à gauche de la route les 1ᵉʳ et 2ᵉ escadrons du 2ᵉ dragons et les dirigea sur le centre des hauteurs situées entre Soultz et Hermerswiller.

Il fit prévenir en même temps le général de division qui se trouvait en arrière qu'il portait sa brigade en avant pour repousser l'adversaire.

Il donna au 1ᵉʳ dragons et à la batterie à cheval l'ordre de prendre le trot et de suivre les deux escadrons d'avant-garde.

Le terrain qu'on avait devant soi présentait entre le ruisseau et le chemin de fer une arête allongée, dont le chemin de fer longeait le pied au sud. Le général de brigade s'y porta au galop.

Il reconnut que le terrain formait une arête assez tranchante, se prolongeant vers Soultz où elle venait se terminer par des pentes escarpées et impraticables à la cavalerie ; il voyait donc son mouvement en avant limité aux pentes qui descendent d'Hermerswiller. De l'autre côté du chemin de fer, le terrain s'élevait insensiblement jusqu'à une nouvelle crête éloignée de 2,500 pas

2

qui venait finir brusquement sur Soultz. A mi-côte, on distinguait une route plantée d'arbres qui traversait un petit village assez ramassé (Hohwiller), et allait rejoindre Soultz au pied même de l'escarpement.

De nombreux flanqueurs se montraient au delà de cette route, et à l'horizon on apercevait distinctement quelques cavaliers sur la crête. Un peloton du 2ᵉ dragons était en flanqueurs au chemin de fer, tandis qu'un autre s'approchait d'Hohwiller. Ces deux lignes de flanqueurs tiraillaient sans discontinuer, et le combat augmenta progressivement d'intensité dans la direction de la gare de Soultz.

Le général vit bientôt son attention attirée sur le 3ᵉ peloton du 3ᵉ escadron, qui déboucha tout à coup des jardins d'Hohwiller pour se porter sur les flanqueurs ennemis à l'ouest. Ceux-ci se retirèrent rapidement vers la crête, suivis par les dragons ; mais deux pelotons cachés derrière la hauteur débouchèrent aussitôt contre les dragons, qui eurent le temps d'éviter le choc et de faire demi-tour pour regagner le chemin de fer. L'ennemi les suivit jusqu'à Hohwiller, où il resta jusqu'à ce que ses flanqueurs eussent regagné la route où ils se trouvaient auparavant; il retourna ensuite reprendre sa position derrière la crête.

Le commandant de l'escadron était parti au galop avec ses deux derniers pelotons pour dégager son 3ᵉ peloton, aussitôt qu'il l'avait vu menacé par des forces supérieures; mais le général de brigade, qui se trouvait à peu de distance de là, arrêta le mouvement et fit reprendre à l'escadron la position qu'il occupait.

Sur ces entrefaites, les 1er et 2e escadrons, conduits par le commandant du régiment, s'étaient approchés au trot du point où se trouvait le général de brigade, en dérobant leur marche aux vues de l'ennemi derrière la hauteur, et s'étaient formés en marchant en colonnes d'escadrons. A 6 h. 50 m., ils arrivaient à 300 pas au nord du point où se tenait le général, que le commandant du régiment alla trouver au galop. Le général de division arriva aussitôt après sur les hauteurs, où une patrouille de hussards venant de la colonne de gauche lui remit la dépêche suivante :

2e avis de la 3e brigade de cavalerie.

Moulin au sud de Tombach,
1er août 1870, 6 h. 8 m. du matin.

La brigade vient de traverser Tombach. Un escadron d'éclaireurs me prévient à l'instant qu'il s'est avancé près de Nieder-Roderen, après avoir repoussé quelques patrouilles de hussards, mais qu'il a trouvé le village occupé par de l'infanterie.

Un deuxième escadron a été lancé sur Seltz. La brigade continue sa marche sur Nieder-Roderen.

Le général de brigade, D.

Le sous-officier de hussards fut retenu provisoirement à la division, en attendant la réponse à envoyer à son général. On fut assez surpris d'apprendre la présence de hussards devant la colonne de gauche qui n'avait vu, elle aussi, jusqu'alors que des chasseurs à cheval. On espéra être bientôt plus complétement renseigné sur cette situation.

Sur ces entrefaites, la tête du 1er dragons avait quitté la route au point 186, pour prendre le chemin d'Hermerswiller, et allait se masser en ligne de colonnes d'escadron en arrière et à droite des deux escadrons du 2e régiment. Les deux escadrons de tête seuls avaient quitté la route en ce moment. Ordre fut envoyé à la batterie de se diriger sur la hauteur qui se trouve à l'entrée de Soultz à l'est de la ville.

Le général de division, après s'être mis au courant de la situation et après avoir examiné le terrain, dit qu'il ne croyait pas seulement avoir devant lui tout le régiment de chasseurs, mais qu'il était probable que l'adversaire avait appelé à lui des renforts. « Il est vrai, ajouta-t-il, que l'ennemi n'a pas encore montré d'artillerie et qu'on n'a aperçu jusqu'à présent que des chasseurs ; mais plus nous nous approchons des masses de l'adversaire, plus nous devons nous attendre à rencontrer de grandes forces, et cela avec d'autant plus de raison que l'ennemi connaît déjà la marche de la division depuis 24 heures. »

Il est certain que si l'on avait devant soi des

forces imposantes de l'ennemi, l'on éprouverait certaines difficultés pour se porter en avant, attendu qu'on serait limité à un terrain d'attaque très restreint et obligé de s'avancer sous les yeux même de l'ennemi, qui avait l'avantage de pouvoir prendre ses dispositions à l'abri de nos regards.

On crut donc nécessaire de s'assurer d'abord si l'on ne pourrait pas amener l'adversaire à lui faire quitter sa position, en l'entraînant à faire quelque manœuvre. A cet effet, il fallait couvrir la grande route avec une des brigades, afin d'assurer la retraite en cas d'échec et d'échapper au danger d'une retraite par la vallée profonde de la Seltz ou par la montagne. On n'avait donc qu'une brigade pour tourner l'ennemi ou plutôt pour faire une menace sur son flanc.

La brigade à employer pour ce mouvement, qui devait s'exécuter sur le flanc droit de l'ennemi, était tout naturellement désignée par la position de nos troupes ; c'était la brigade de dragons, sauf à la faire un peu appuyer à l'est.

Mais du point où l'on était, on pouvait voir distinctement l'encaissement profond d'Hohwiller, ainsi que le terrain boisé et accidenté qui se trouve au sud et à l'est du village. Si l'on dirigeait les dragons dans ce terrain et qu'on laissât la brigade de grosse cavalerie en arrière pour garder la route, on s'exposait à ce que les brigades ne pussent se secourir mutuellement en temps opportun.

D'autre part, on ne pouvait distinguer si le

terrain à l'ouest de Soultz se prêterait mieux à une manœuvre de ce genre, à laquelle on aurait pu employer alors la brigade de grosse cavalerie. Les apparences ne permettaient guère de le supposer.

Il ne restait donc qu'à aborder de front les hauteurs, et le général de division en donna l'ordre au général de brigade C.

On fit demander auparavant au 3ᵉ escadron du 2ᵉ dragons jusqu'où il avait poussé ses reconnaissances à l'est d'Hohwiller. On apprit que le 3ᵉ peloton, qui avait été chargé d'éclairer cette partie du terrain, s'était porté quelques instants auparavant contre l'ennemi et avait été ainsi détourné de sa mission, ne laissant qu'une petite patrouille sur son flanc gauche. Un officier de l'escadron fut aussitôt envoyé avec deux ou trois cavaliers choisis sur les hauteurs au sud-est du village pour découvrir la position de l'adversaire.

Le général de division fit ensuite occuper Soultz par l'escadron de dragons qui s'y trouvait.

Le général de brigade C. avait fait venir ses deux commandants de régiment et leur avait communiqué ses dispositions d'attaque comme il suit :

« Les trois escadrons disponibles du 2ᵉ dragons marcheront en première ligne, leur gauche rasant le village d'Hohwiller et s'appuyant ensuite au ravin. Le 1ᵉʳ dragons suivra le mouvement en 2ᵉ ligne, en débordant la 1ʳᵉ à droite. »

A 6 h. 57 m., le 1ᵉʳ dragons avait déjà terminé son déploiement en masse (en colonnes d'escadron) derrière le gros du 2ᵉ régiment de dragons, qu'il débordait à droite avec deux escadrons. Par suite du peu d'espace, on avait dû se déployer par inversion, le 1ᵉʳ escadron se trouvant ainsi à la gauche et le 4ᵉ à la droite. Aussitôt après, la batterie prit position sur la hauteur à l'est de Soultz et tira quelques coups sur les flanqueurs de l'ennemi. A 7 h., la tête de la brigade de grosse cavalerie, encore en marche sur la route, arrivait à l'embranchement du chemin du signal 186, où elle reçut l'ordre de se déployer. Son déploiement fut exécuté en 6 minutes. Le régiment de cuirassiers, qui se trouvait en tête, forma la 1ʳᵉ ligne, le régiment de uhlans la 2ᵉ; les régiments étaient également massés en colonnes d'escadron.

Sur ces entrefaites, le commandant du 2ᵉ dragons avait donné ses instructions à ses commandants d'escadron :

« Le 3ᵉ escadron se portera en avant dans sa formation en colonne par pelotons et formera l'échelon de gauche. Il se fera précéder par un peloton.

« Les deux autres escadrons (1 et 2) prendront leurs intervalles et suivront à 300 pas en arrière et sur la droite du 3ᵉ; un peloton du 1ᵉʳ se portera également en avant.

« On se réglera sur la marche du
3ᵉ escadron, qui se dirigera sur le point
facile à distinguer où la route de Soultz
quitte Hohwiller. »

La batterie reçut l'ordre de battre tout ce qui
paraîtrait sur la crête située en face et essayerait
de déboucher de nouveau.

Il était 7 h. 8 m., lorsque le général C. ordonna
à sa première ligne de se mettre en mouvement.
Le 1ᵉʳ dragons, qui était en 2ᵉ ligne, devait suivre
le mouvement en échelon à droite à distance de
ligne (300 pas) et prendre ses intervalles en marchant.

L'officier qui avait été envoyé en reconnaissance n'avait encore envoyé aucun renseignement.

Les escadrons du 2ᵉ dragons traversèrent la
crête qui les avait masqués jusqu'alors entre
Soultz et Hermerswiller. Ils descendirent la pente
au trot et passèrent sans difficulté le chemin de
fer qui en longe le pied et est à peine élevé au
dessus du niveau de la vallée, ainsi que le ruisseau. Ils gravirent ensuite la pente opposée toujours en colonnes par peloton. Les flanqueurs
ennemis, qui bordaient la route de Soultz à
Hohwiller, reculèrent rapidement à l'approche des
4ᵉ pelotons qui précédaient les 1ᵉʳ et 3ᵉ escadrons
et furent poursuivis par eux. La pente, devenant
un peu plus raide de l'autre côté de la route, le
3ᵉ escadron put seul continuer sa marche droit

devant lui ; les deux autres appuyèrent un peu à gauche pour monter obliquement. Le général de brigade se trouvait à droite en avant du régiment, en mesure de voir tout ce qui passerait sur son front et de diriger à temps opportun sa deuxième ligne. Celle-ci venait de traverser également la route. Le général de division se trouvait près d'elle à proximité de l'aile droite. Les deux lignes s'étendaient depuis Hohwiller jusqu'aux pentes escarpées qui descendent sur Soultz.

La brigade de grosse cavalerie, qui avait reçu l'ordre de suivre, venait de traverser le chemin de fer et se tenait en réserve sur une seule ligne à 600 pas en arrière, massée en colonnes d'escadron, les cuirassiers à droite, les uhlans à gauche. (En somme, 6 escadrons 3/4.)

Arrivés sur la crête, les deux pelotons d'éclaireurs des 1er et 3e escadrons aperçurent une ligne de cavalerie qui longeait le village de Reimerswiller et se dirigeait sur Hohwiller. Le 3e escadron, qui était en tête, se déploya aussitôt et se jeta sur l'ennemi. (Planche 6, croquis I.) Les deux autres, surpris dans le demi-à-gauche qu'ils avaient fait pour gravir la pente, firent un demi-à-droite et se déployèrent également au commandement du commandant du régiment. Ils durent se déployer à droite, pour ne pas se trouver immédiatement en deuxième ligne derrière le 3e escadron ; ils s'avancèrent ensuite au galop.

Ces deux escadrons n'étaient pas encore arrivés sur la crête que les flanqueurs du 1er escadron, faisant demi-tour, signalèrent aussi sur la droite la marche d'une masse de cavalerie. Le commandant du régiment commanda alors un demi-à-droite aux deux escadrons. Mais, sur ces entrefaites, le 3ᵉ escadron en était venu aux mains avec la cavalerie ennemie, qui se composait de chasseurs, et le commandant du 2ᵉ escadron avait cru devoir s'engager à son tour. Son commandement se confondit avec celui du commandant du régiment et entraîna une partie de l'escadron qui se trouva par le fait séparé en deux ; deux pelotons et demi environ suivirent le capitaine, le reste de l'escadron suivit le mouvement du 1ᵉʳ escadron.

Le commandant du régiment s'élança au galop avec cette fraction du régiment au delà de la crête et chargea la ligne de cavalerie qui avait été signalée sur la droite ; c'étaient aussi des chasseurs. Sa droite fut débordée et enveloppée par l'ennemi, mais la fraction du 2ᵉ escadron qui formait sa gauche tomba de son côté dans le flanc et sur les derrières de la droite de l'adversaire. Les deux lignes en vinrent aux prises sur tous les points, et il y eut une violente mêlée.

Le général C. ayant vu le 2ᵉ dragons coupé en deux, avait aussitôt ordonné à l'escadron de gauche du 1ᵉʳ dragons de se jeter dans le vide qui s'était produit. La chose était d'autant plus facile à exécuter que cet escadron (1) était venu derrière le groupe qui s'était formé au moment du choc de la première ligne ; cependant, la distance au point où il devait entrer en ligne s'était considérablement augmentée par suite des divers mouvements qui avaient suivi le choc.

Au moment où cet escadron allait entrer en ligne, le général arrivait sur la hauteur et aperçut derrière le centre de la cavalerie ennemie engagée quatre escadrons de cuirassiers qui avaient suivi en deuxième ligne et se jetaient, formés en deux masses, sur les deux groupes séparés des combattants.

Sans perdre un instant, il donna l'ordre au commandant du 1er dragons de lancer deux escadrons dans le flanc gauche de ces cuirassiers. Il garda en réserve le dernier escadron du régiment (4), pour parer à l'attaque d'une nouvelle masse de cavalerie dont des nuages de poussière semblaient signaler l'approche à une certaine distance sur la droite au bord de la route de Haguenau.

On apercevait en même temps un groupe de cavaliers ennemis, deux pelotons environ, qui quittaient le point où ils s'étaient tenus jusqu'alors tout près et au sud de Soultz pour revenir en arrière par la route de Haguenau.

Avant d'indiquer les autres dispositions prises par la division, il est nécessaire de détailler le ·combat engagé jusqu'à présent.

Le premier choc des trois escadrons du 2e dragons avec l'adversaire avait eu lieu en partie en avant de la crête, en partie sur le plateau, et avait formé deux groupes distincts. A l'est, combat-

taient le 3° escadron et deux pelotons et demi
du 2°, à l'ouest, un peloton du 2° et le 1ᵉʳ escadron[1]. Les lignes s'étaient traversées de part et
d'autre et avaient été complétement brisées ;
quelques chevaux avaient été renversés par le
choc, d'autres par les accidents du terrain que
la poussière et la préoccupation de l'ennemi
n'avaient pas permis de distinguer. Un grand
nombre de chasseurs, qui avaient traversé les
dragons, couraient çà et là sur l'emplacement
où s'était trouvée la ligne de ces derniers au
moment de la charge, la plupart chargeant individuellement ; mais un certain nombre, ne pouvant plus maîtriser leurs chevaux ou ayant perdu
la tête, se précipitaient en descendant la pente
vers le chemin de fer. Il en était de même des
dragons qui avaient pénétré au delà de la ligne
des chasseurs.

Au lieu des longues lignes bien alignées qui,
tout à l'heure, marchaient l'une à l'autre, on ne
voyait plus que les deux groupes qui s'étendaient
en long et en large sur plusieurs centaines de pas.

Au centre de chacun d'eux apparaissait une
masse pelotonnée, dont se détachaient sans cesse
de petits partis chargeant individuellement dans
toutes les directions. Des cavaliers isolés et des
chevaux sans cavaliers couraient dans tous les
sens pour se soustraire au combat ; bientôt aussi

---

[1] 1/2 peloton du 2ᵉ avait été détaché sur Retschwiller pour
couvrir le flanc droit de la division.

l'on vit des cavaliers blessés ou tombés de cheval se précipiter vers la route et le village d'Hoh-willer. Sur le champ de bataille s'étendaient de grands nuages de poussière, d'où l'on entendait s'échapper des cris mêlés au bruit de quelques coups de fusil.

Après la description de ce tableau général, reportons-nous à chacun des groupes.

Au groupe de l'est, le choc avait eu lieu à peu près sur une même étendue, mais dans une direc-tion un peu oblique, de sorte que la gauche des dragons avait gagné plus de terrain vers le sud que leur droite. Mais l'entrée en ligne des deux pelotons et demi du 2ᵉ escadron, immédiatement après le choc, entraîna avec eux les fractions déjà en partie rompues et enveloppa en même temps la gauche de l'adversaire.

En ce moment survinrent deux escadrons de cuirassiers de la deuxième ligne ennemie; celui de droite se jeta au milieu de la masse, celui de gauche, au contraire, enveloppa complétement les fractions du 2ᵉ escadron, que le choc avait désorganisées.

Le choc puissant des cuirassiers produisit tout son effet. La masse engagée jusqu'alors avait été un peu poussée à l'est vers le ravin, mais le combat, resté indécis çà et là, prit dès lors une tournure fâcheuse pour les dragons et menaçait de dégénérer en une déroute vers le nord, où se précipitaient déjà à toute vitesse des cavaliers isolés.

En ce moment critique, le 1er escadron du
1er dragons entra en ligne. Il avait d'abord
marché avec son régiment à 300 pas en arrière
de la droite du 2e dragons; mais celle-ci, ayant
exécuté son mouvement à gauche et marché à
l'attaque, cette distance s'était considérablement
augmentée; l'ordre de combler le vide produit
par le 2e dragons avait été donné deux minutes
après le choc du 3e escadron du 2e régiment, et,
en fin de compte, il avait à parcourir 800 pas
pour atteindre son nouvel objectif. Il lui fallut
gravir obliquement la pente qu'il ne put franchir
au galop et ensuite se déployer, de sorte qu'il
arriva seulement en ligne quatre minutes après
le choc du 3e escadron du 2e dragons.

Son peloton de droite se laissa entraîner dans
la mêlée du groupe de l'ouest, mais les trois autres
pelotons prirent en flanc les cuirassiers déjà en
désordre et disséminés au galop sur une longue
ligne par suite du mouvement qu'ils avaient
exécuté pour envelopper les dragons, et les forcèrent à faire demi-tour pour s'enfuir dans la
direction d'où ils étaient venus.

Non seulement leur retraite dégagea la droite
des dragons du 2e régiment qui combattaient sur
ce point, mais l'effet ne tarda pas à s'en faire
sentir aux autres cuirassiers qui se trouvaient
près de cette aile, ainsi qu'aux chasseurs. Ils firent
également demi-tour, poursuivis par les dragons
du 2e régiment, qui se remirent face en tête, et par
ceux du 1er régiment, qui poussèrent plus loin.

Le contre-coup se communiqua un peu plus tard à la gauche du 2ᵉ dragons, composée, comme nous l'avons dit, de la plus grande partie du 3ᵉ escadron. Cet escadron s'était retiré au galop sur Hohwiller et en partie même au delà de la chaussée, pêle-mêle avec les chasseurs et les cuirassiers. Les cavaliers ennemis se virent peu à peu inquiétés par la retraite des leurs et menacés de ne pouvoir s'échapper par les pentes escarpées qui se trouvaient sur leur droite entre Hohwiller et Reimerswiller. Ceux qui s'aperçurent du danger assez à temps firent demi-tour; pour les autres, une partie dut se frayer un passage le sabre à la main; un grand nombre pénétrèrent dans Hohwiller et en sortirent par l'est pour se porter par une grande courbe sur Reimerswiller, quelques uns seulement se dirigeant droit sur ce village. La gauche des dragons ne se rallia qu'au pied de la hauteur au sud du chemin de fer.

La droite, formée principalement du 1ᵉʳ escadron, continuait sur ces entrefaites à sabrer l'adversaire qu'elle avait déjà poursuivi pendant 500 à 600 pas, lorsque le signal du ralliement sonna de tous côtés et la força de s'arrêter. L'escadron chercha à se rallier au sud du sommet 208, mais quelques obus étant venus éclater à ses côtés, il se vit obligé de reculer derrière la hauteur pour opérer son ralliement en toute sécurité.

L'adversaire s'arrêta à son tour et eut le temps de se rallier également dans un pli de terrain près de Reimerswiller.

Au groupe de l'ouest, le combat avait pris aussi de grandes proportions. Lorsque le 1er escadron et un peloton du 2e escadron du 2e régiment en vinrent aux mains avec les chasseurs, les deux lignes opposées s'étaient d'abord réciproquement enveloppées. La droite des dragons, mais plus encore celle des chasseurs, étaient fortement compromises et toutes deux menaçaient de s'esquiver l'une vers la route d'Hohwiller à Soultz, l'autre vers celle de Haguenau.

L'entrée en ligne aussi sur ce point de deux escadrons de cuirassiers arrêta le mouvement rétrograde de l'aile droite des chasseurs, et l'un de ces escadrons, de concert avec les chasseurs, arriva à faire céder un peu les dragons qui combattaient là (principalement le peloton du 2e escadron); la mêlée se maintint d'abord un certain temps à la même place. L'autre escadron de cuirassiers, qui se trouvait déployé à l'aile gauche, se préparait à renforcer la gauche des chasseurs, qui gagnait du terrain, mais cuirassiers et chasseurs furent tout à coup chargés et pris en flanc par les 2e et 3e escadrons du 1er dragons. Ces deux escadrons, qui se trouvaient à proximité, avaient pu entrer en ligne plus tôt que le 1er escadron qui, lui, avait plus de chemin à parcourir dans son mouvement vers le groupe de l'est. L'escadron de cuirassiers eut, il est vrai, le temps de converser à gauche pour parer dans une certaine mesure à cette attaque de flanc; mais il ne put résister à la supériorité des dragons, et les chasseurs furent refoulés, entraînant avec eux la droite de l'escadron de cuirassiers. L'autre escadron de cuirassiers, qui était déjà aux prises et fondu dans la mêlée, ne put prêter aucun appui. Les dragons parvinrent ainsi à repousser aussi l'ennemi sur ce point après une courte mêlée. La poursuite fut arrêtée encore plus tôt qu'au groupe de l'est par la sonnerie du ralliement, et celui-ci se fit également plus en arrière sur le revers nord du plateau, afin de se mettre à l'abri de l'artillerie. L'adversaire se retira vers la chaussée dans la direction du sommet 219.

Examinons maintenant les dispositions prises à la brigade de grosse cavalerie dans cet intervalle, et voyons les motifs qui avaient obligé de sonner partout le ralliement.

Le choc du 3e escadron du 2e dragons avec l'adversaire avait eu lieu à 7 h. 18 m. Une minute après, à 7 h. 19 m., les 1er et 2e escadrons entrèrent en ligne. Une minute plus tard, à 7 h. 20 m., arrivèrent les cuirassiers ennemis. A 7 h. 21 m., les 2e et 3e escadrons du 1er dragons se jetèrent à leur tour dans la mêlée du *groupe de l'ouest*, laquelle, avec la poursuite, dura jusqu'à 7 h. 26 m., moment où fut sonné le ralliement de ce côté. A l'aile gauche, c'est à dire au *groupe de l'est*, le 1er escadron du 1er dragons n'avait pu s'engager qu'à 7 h. 22 m. et à 7 h. 27 m. le signal du ralliement avait été entendu.

Par conséquent, le combat à l'aile droite avait

3

duré de 7 h. 19 m. à 7 h. 26 m., c'est à dire
7 minutes, et à l'aile gauche de 7 h. 18 m. à
7 h. 27 m., c'est à dire 9 minutes, depuis le moment du choc jusqu'au signal du ralliement.

Lorsque, à 7 h. 21 m., le général C. engagea les
2ᵉ et 3ᵉ escadrons du 1ᵉʳ dragons, il retint, comme
nous l'avons vu, le 4ᵉ escadron en réserve, parce
qu'il avait aperçu en avant, sur sa droite, de gros
nuages de poussière qui indiquaient l'approche
d'une nouvelle masse de cavalerie. Le général de
division s'étant lui-même rapidement porté sur
la hauteur, dirigea aussitôt son attention de ce
côté et donna l'ordre à la brigade de grosse cavalerie de gravir à son tour le plateau. Il était
7 h. 22 m.; cette brigade se trouvait alors à
400 pas des combattants et attendait de pied
ferme le moment d'entrer en ligne, si le combat encore indécis devant elle le rendait nécessaire, ou les nouveaux ordres que pourrait sus-
citer le développement de la situation. Le 1ᵉʳ escadron de uhlans seul, qui se trouvait à la gauche,
avait conversé à gauche sur l'ordre du colonel F.
et, après s'être aussitôt déployé, s'était jeté au
milieu de la masse de cavaliers qui descendaient
la pente à l'extrême gauche, contribuant ainsi à
faire plier sur Hohwiller une partie des chasseurs
et des cuirassiers qui poursuivaient.

A 7 h. 24 m., la brigade de grosse cavalerie
arrivait sur le plateau, c'est à dire au moment où
l'aile droite des dragons opérait déjà sa poursuite.
Le régiment de uhlans, qui n'avait plus que deux

escadrons (2ᵉ et 4ᵉ), avait été placé en deuxième ligne et suivait les cuirassiers, qu'il débordait à gauche. Le commandant de la division avait l'intention d'aller à la rencontre de la cavalerie ennemie qui débouchait de la chaussée et dont on ne pouvait encore distinguer la force. Il envoya en conséquence chercher la batterie qui se trouvait en arrière et se porta lui-même plus en avant. La masse ennemie s'arrêta en ce moment à 1,500 pas de distance; les nuages de poussière se dissipèrent; l'on aperçut alors des bouffées de fumée blanche et bleue et immédiatement après des obus tombèrent sur le plateau. C'est alors que le général de division donna lui-même l'ordre de sonner le ralliement; il était 7 h. 26 m. Le signal ne fut entendu à l'extrême gauche qu'une minute plus tard.

Lorsqu'il se fut assuré que les dragons avaient cessé la poursuite sur toute la ligne et se ralliaient, le général fit retirer au pas la brigade de grosse cavalerie pour l'abriter derrière le bord du plateau. Les cuirassiers furent un peu éprouvés dans le mouvement par le feu de l'artillerie.

Il était un peu plus de 7 h. 1/2.

La batterie arriva peu de temps après, précédée par son capitaine commandant et reçut l'ordre de s'avancer contre l'artillerie ennemie; à 7 h. 36 m., elle prenait position au point où le chemin de Soultz à Reimerswiller atteint le plateau. Près d'elle se trouvait un peloton du 4ᵉ escadron du 2ᵉ dragons, qui était resté derrière Soultz, et que le capitaine de la batterie avait requis pour la protéger, au moment où il avait aperçu un grand nombre de chasseurs et de cuirassiers débandés débouchant au nord du chemin de fer et cherchant à s'esquiver vers l'ouest en contournant Soultz.

Le général de division prescrivit de donner un escadron de cuirassiers pour soutien particulier à la batterie. Le peloton de dragons fut renvoyé à son escadron, et le chef de peloton fut chargé de prévenir l'escadron de se porter vers le sud le long du chemin de fer, en faisant éclairer en même temps la route de Wœrth par un peloton.

Le sous-officier de hussards, qui se trouvait encore à l'état-major de la division, fut renvoyé ensuite à la 3ᵉ brigade de cavalerie avec la dépêche suivante :

1ʳᵉ div. de cavalerie.　　　　Hauteurs au sud de Soultz,
　　　　　　　　　　　　　1ᵉʳ août 1870, 7 h. 40 m. du matin.

Combat victorieux contre deux régiments de cavalerie ennemie au sud de Soultz. L'ennemi est poursuivi sur la route de Haguenau.

P., capitaine aide de camp
de la division.

Le général C. s'était occupé sur ces entrefaites de rallier sa brigade. Le 1ᵉʳ dragons se reforma au nord de la hauteur 208, le 2ᵉ dragons, ainsi que le 1er escadron de uhlans, à gauche et un peu en arrière de la lisière ouest d'Hohwiller. Le général ayant eu soin de désigner des points de ralliement séparés à chaque régiment, le ralliement put s'opérer assez rapidement. Quoiqu'un tiers des hommes manquât encore à l'appel, les régiments n'en étaient pas moins déjà reformés et prêts à entrer de nouveau en ligne.

Le détachement sanitaire était arrivé aussi sur le champ de bataille. Il avait passé par Soultz pour ne pas s'exposer à rencontrer des cavaliers ennemis dispersés et avait pris ensuite la route d'Hohwiller, où il avait installé une ambulance.

A 7 h. 40 m., le 2e dragons s'était rapproché du 1er, et les sept escadrons de la brigade étaient de nouveau disponibles, formés sur deux lignes, massés en colonnes d'escadron.

Le 1er escadron de uhlans fut dirigé par Hohwiller, au delà du profond ravin, pour empêcher le ralliement d'un grand nombre de cavaliers ennemis qui se trouvaient de ce côté et menacer ensuite le flanc de l'adversaire qui se ralliait près de Reimerswiller.

Le régiment de cuirassiers avait envoyé deux officiers en avant ; le chef d'état-major et l'aide de camp de la brigade de grosse cavalerie s'y étaient déjà portés pour reconnaître et observer les mouvements de l'ennemi. Le 1er escadron de cuirassiers fut chargé du soutien de la batterie.

Le général de division, voyant la brigade légère

complétement reformée, résolut de renouveler l'attaque.

La poussière soulevée par la cavalerie ennemie qui s'était avancée du côté de la route, s'était abattue et on pouvait maintenant en évaluer la force à un régiment environ.

La brigade de grosse cavalerie dirigea sa droite sur le sommet 219, de manière à ne pas masquer la batterie et à se soustraire en même temps au feu direct de la batterie ennemie ; la brigade légère se tenait en arrière sur la gauche, couvrant le flanc de la première contre les troupes qui se ralliaient à Reimerswiller.

Il était 7 h. 42 m. Le général B. venait de donner ses ordres. Il avait prescrit aux trois escadrons de cuirassiers de marcher en première ligne et aux deux escadrons de uhlans de suivre le mouvement en deuxième ligne à 300 pas de distance, prêts à combler les vides qui pourraient se produire dans la première ou à secourir celle des deux ailes qui en aurait besoin. Le mouvement s'exécutait, lorsque l'aide de camp de la brigade, accourant au galop, donna avis que la cavalerie de Reimerswiller se repliait vers le sud. Le chef d'état-major, ainsi qu'une patrouille de cuirassiers, les suivirent pour ne pas les perdre de vue.

La marche contre la cavalerie ennemie arrêtée sur le bord de la chaussée près de la batterie et qu'on avait reconnue être de la force de quatre escadrons de cuirassiers, était dès lors considérablement simplifiée. Le général B. prescrivit, en conséquence, aux deux escadrons de uhlans de suivre en deuxième ligne en débordant à droite la première.

A 7 h. 43 m., au moment où la première ligne arrivait au trot sur le plateau, la batterie ennemie se retira avec deux des escadrons de cuirassiers (7 h. 44 m.); une minute après, les deux autres se retirèrent à leur tour (7 h. 45 m.).

Le général B. fit avancer au galop les deux escadrons de cuirassiers de l'aile droite et suivit au trot avec le reste de la brigade dans la direction du sommet 219.

La batterie quitta la position qu'elle occupait près du chemin creux pour suivre le mouvement de la brigade de grosse cavalerie, en se portant en avant au galop avec son escadron de soutien.

A 7 h. 50 m., le deuxième escadron du 1er cuirassiers atteignit la hauteur 219; les deux autres escadrons suivaient à 600 pas en arrière, leur droite à la chaussée, sur laquelle la batterie à cheval arrivait au galop, escortée par le 1er escadron. Les deux escadrons de uhlans suivaient les cuirassiers, puis venait, à 400 pas en arrière, sur la gauche, la brigade de dragons formée sur deux lignes. A la hauteur 219, le terrain se resserrait et formait une sorte de défilé entre les ravins profonds qui d'un côté se dirigent sur le chemin de fer et de l'autre sur Reimerswiller.

Les cuirassiers de la première ligne essayèrent de traverser le plateau, mais ils furent accueillis par quelques obus de la batterie ennemie qui avait

repris position près du village de Sourbourg à
1,200 pas de là, et ils cherchèrent à s'abriter derrière la crête. La brigade légère ayant gagné en
même temps le ravin qui, de Reimerswiller, se
dirige vers le Nord-Ouest, le général de division,
qui se trouvait à la gauche des cuirassiers, fit
sonner la halte (7 h. 51 m.).

La batterie seule continua son mouvement,
ainsi que le 4ᵉ escadron du 1ᵉʳ dragons, que le
général C. dirigea sur Reimerswiller.

La batterie ne trouvant pas d'emplacement
favorable sur le bord de la hauteur pour prendre
position, ce qu'il aurait fallu faire, du reste, à
bonne portée de l'artillerie ennemie, revint s'établir en arrière, à gauche et à 600 pas de la route.
(Croquis 2.)

Le chef d'état-major était revenu en même
temps près du général de division et lui avait
rendu compte que les chasseurs et cuirassiers ennemis qui avaient été engagés avaient quitté
Reimerswiller et qu'ils s'étaient retirés vers le sud
d'abord, puis vers le sud-ouest; un officier de cuirassiers continuait à les observer.

Il était 7 h. 52 m. Le général de division se
porta sur la hauteur qui s'avance en saillie entre
les deux ravins de Reimerswiller, pour reconnaître le terrain et la situation.

CONSIDÉRATIONS SUR LES ÉVÉNEMENTS DU Iᵉʳ AOUT

Jusqu'à 8 heures du matin.

Comme le montre l'exposé des faits, les troupes avancées doivent faire constater dès le matin par des patrouilles les changements survenus dans la position de l'adversaire. Si ces patrouilles ne rencontrent plus l'ennemi devant elles, elles doivent aller à sa recherche et s'assurer de sa position. Mais elles ne tarderont pas à être insuffisantes, s'il leur faut pousser leur reconnaissance dans diverses directions. Il peut se faire aussi que l'adversaire ait retiré ses avant-postes et opéré un mouvement rétrograde, mais comme il a autant d'intérêt que nous à être renseigné, on rencontrera généralement ses patrouilles dans la zone qu'il occupait auparavant et ces patrouilles empêcheront les nôtres de remplir leur mission.

Nous nous voyons donc encore obligés de confier spécialement à des détachements complètement indépendants (1 ou 2 escadrons) la mission de se maintenir en contact avec l'adversaire. Ce n'est qu'en tenant ainsi des troupes prêtes à marcher au premier signal de leurs patrouilles qu'on sera en mesure de repousser celles de l'ennemi et d'étendre assez au loin la sphère d'exploration pour retrouver la piste momentanément perdue et conserver le contact nécessaire.

Il y a toutefois de grands inconvénients à

prendre ces escadrons au détachement spécialement chargé des avant-postes.

Dans notre exemple, la reconnaissance opérée par l'escadron de chasseurs ennemis oblige à porter en avant les troupes les plus rapprochées, c'est à dire les 3ᵉ et 4ᵉ escadrons du 2ᵉ dragons.

Il importe alors de les faire marcher avec toute leur force, et cependant on ne le pourra pas. Considérons, par exemple, le 4ᵉ escadron.

Cet escadron avait un peloton en grand'garde au sud d'Ingolsheim; ce peloton se trouve pour le moment en présence de l'ennemi. Si le reste de l'escadron doit l'appuyer, et ici cela doit être, il est nécessaire d'occuper le village pour deux raisons : On ne sait pas où les événements entraîneront l'escadron et on ne peut laisser les bivouacs et cantonnements de la division découverts par la grande route. Ensuite, il faut assurer la retraite de l'escadron en cas d'échec de l'autre côté du défilé. Or, le village qui s'étend obliquement en avant du ravin, a environ 1,000 pas d'étendue et trois chemins venant de différentes directions y conduisent. Un seul peloton serait insuffisant pour occuper les issues avec ses 20 hommes à pied. L'escadron devrait donc laisser au moins deux pelotons à Ingolsheim et il ne lui resterait plus qu'un seul peloton pour soutenir la grand'garde. Il serait même douteux qu'on pût y employer le peloton tout entier, car il peut se faire que le gros de l'escadron ait des patrouilles à envoyer à l'ouest de la forêt de Schœnenbourg.

Si l'escadron ne se préoccupe que de refouler l'adversaire et de constater la position du gros de ses forces, il doit emmener tout son monde. Mais si l'adversaire se retire dans la direction d'Hoffen et de Rittershoffen et que l'escadron l'y suive, comme il doit le faire, la division sera découverte sur la route de Haguenau. Si, au contraire, l'escadron se préoccupe surtout de la sécurité de la division, et laisse la moitié de ses forces dans leur position d'avant-postes, il sera longtemps séparé en deux. Et de plus, les 60 ou 70 cavaliers qui suivront l'ennemi ne s'avanceront pas aussi loin que le ferait l'escadron réuni.

Cet exemple suffit pour expliquer notre pensée et pour démontrer déjà la nécessité d'avoir des détachements distincts pour garder le contact constant avec l'adversaire et pour faire le service d'avant-postes, qui ne permet de maintenir le contact que dans des limites très restreintes.

Nous croyons, du reste, qu'il eût été préférable d'employer le gros des avant-postes, c'est à dire les 1er et 2e escadrons du 2e dragons, à repousser la reconnaissance de l'ennemi, au lieu des 3e et 4e escadrons.

Au fond, ces principes ne sont autres que ceux de Frédéric le Grand. « En cas d'alarme, disait-il, les piquets doivent accourir pour repousser et suivre l'ennemi, afin de voir où il s'arrête. » La grand'garde et les avant-postes ne devaient pas bouger, ils formaient les troupes mobiles d'observation et de sécurité. Mais il y avait toujours *en avant d'eux* des postes de hussards « placés aux points importants, défilés, etc. ». Ceux-ci et les piquets formaient l'élément mobile de la sécurité; des escadrons de hussards, souvent même plusieurs escadrons, étaient en outre lancés « en partisans », quelquefois à des journées de marche en avant, et lançaient leurs patrouilles au loin.

Dans notre exemple, les avant-postes des deux partis sont trop rapprochés pour placer entre eux des détachements particuliers d'observation. Leur place était alors sur les flancs aux environs d'Aschbach ou de Bremmelbach, et si les circonstances ne le permettaient pas, ils n'avaient qu'à se retirer au nord d'Ingolsheim, en arrière de la ligne des postes avancés. De là, ils pouvaient se tenir constamment en contact avec l'adversaire par leurs patrouilles et prêts à suivre immédiatement ses mouvements, dès qu'ils seraient signalés.

Après la retraite de la reconnaissance ennemie, les 2ᵉ et 4ᵉ escadrons devaient s'assurer si le gros des forces de l'ennemi s'était retiré sur ces entrefaites ou s'il était resté dans la même position. Il était à supposer qu'il n'avait pas bougé, puisque ses vedettes occupaient encore les mêmes emplacements que la veille. Il serait imprudent de poursuivre à l'aventure et de s'exposer ainsi à un combat isolé, avant que le gros de la division ne fût prêt à se porter en avant. Cependant, la ligne encore visible de ses avant-postes pourrait bien n'être qu'un rideau destiné à masquer ses mouvements en arrière des hauteurs qui précèdent Schœnenbourg. Il eût donc été bon de lancer quelques détachements qui auraient escarmouché en avant et de constater ainsi si cette ligne avait de forts soutiens en arrière. Disons toutefois que les deux escadrons ont bien agi en suivant l'ennemi immédiatement, aussitôt qu'il se retira sur Soultz.

Mais ils ont néanmoins rempli incomplétement leur mission au point de vue du service d'exploration, en s'arrêtant au ravin de Soultz et en se contentant de poursuivre uniquement sur leur front. Le rideau des hauteurs qui s'étendent au sud de la route de Soultz à Hohwiller ne permet pas de voir le terrain situé de l'autre côté, et cependant il est très probable qu'il y a là des détachements ennemis.

Par conséquent, au lieu de s'arrêter et d'attendre l'arrivée de la division, il eût été préférable que les deux escadrons fissent tous leurs efforts pour s'assurer de la présence et de la force des troupes qui pouvaient s'y trouver. On se contenta de porter directement un peloton vers la hauteur, mais cette tentative échoua. Rien n'aurait empêché les escadrons de chercher à remplir leur mission en se dirigeant sur les flancs de la position présumable de l'adversaire. Quant à détacher quelques officiers ou des patrouilles à cet effet, les patrouilles qui devaient évidemment couvrir le terrain voisin de l'adversaire ne pouvaient guère le permettre.

Le 4ᵉ escadron pouvait très bien contourner Soultz à l'ouest et envoyer de là un peloton sur les hauteurs en arrière de la ville; en supposant même que ce peloton ne puisse y parvenir et qu'il en soit empêché par quelques troupes de l'ennemi envoyées à sa rencontre, la marche de ces troupes permettra toujours de juger si l'on a devant soi des forces considérables. Si l'on fait en même temps passer la Seltz au 3ᵉ escadron, à l'ouest d'Hoffen, pour gagner la route entre Hohwiller et Kuhlendorf, cet escadron aura des vues dans le terrain jusqu'alors soustrait à ses regards, ou bien l'adversaire lui opposera des forces considérables pour empêcher sa reconnaissance. En tout cas, la reconnaissance sera faite dans ses points essentiels. Ces mouvements sont, du reste, sans danger; le 4ᵉ escadron peut toujours se replier à l'ouest de Retschwiller, le 3ᵉ même jusqu'aux environs d'Aschbach; la marche de la division sur la grande route aura, de plus, une grande influence sur la poursuite de l'adversaire et permettra même aux deux escadrons de la rejoindre par un détour, si cela devait être nécessaire. La division a, du reste, tout intérêt à ce que le 3ᵉ escadron repousse les grandes forces de l'ennemi loin du terrain où l'on s'attend au choc décisif de grandes masses.

Pour expliquer la conduite de ces deux escadrons, on peut admettre qu'en raison de la position qu'ils occupaient précédemment comme avant-postes, ils se considéraient comme appartenant encore à l'avant-garde de la division et qu'ils croyaient, par conséquent, dans leur rôle de continuer à la couvrir. Il en sera la plupart du temps ainsi et c'est précisément pour cela qu'il semble désirable d'avoir des détachements spéciaux et indépendants pour observer constamment l'adveraire.

Du côté de Hatten, on n'a employé qu'un escadron de uhlans pour observer la route de Forstfeld à Soultz. On aurait pu y destiner les deux escadrons d'Ober-Seebach, et cependant il semble qu'on ait bien fait de se contenter d'un seul. Il ne s'agissait que d'éclairer de ce côté; si l'on découvrait dans cette direction de gros détachements, il fallait y faire marcher aussitôt une brigade ou le gros de la division. Tant que l'ennemi ne se montrerait pas dans cette région, il importait de tenir ses forces concentrées là où l'on se trouvait déjà en contact et de n'en détacher que ce qui était absolument indispensable. Quant à n'employer à une pareille mission qu'un peloton seulement, ou même de petites patrouilles, nous avons déjà démontré qu'il serait insuffisant et qu'il fallait y consacrer tout un escadron.

On peut voir déjà combien une seule division de cavalerie en avant de la 3e armée a de peine à suffire avec ses propres forces à toutes les exigences qui s'imposent à elle, dès qu'on s'attend à rencontrer de grandes masses de cavalerie ennemie. L'appui des 5e et 11e corps ne pouvait que lui être des plus utiles, en la dispensant de surveiller les bords du Rhin ainsi que les montagnes et en lui permettant ainsi de ne pas trop s'affaiblir.

Par suite de la marche matinale des 2e et 3e escadrons du 2e dragons, le général ne peut mettre le 1er dragons à l'avant-garde, ainsi qu'il en avait l'intention. Il importe cependant à la conservation des forces de ne pas confier aux mêmes troupes le service d'avant-garde et celui d'avant-postes, qui souvent est intimement lié avec lui. Les troupes employées jour et nuit à ces deux services ont à satisfaire à de grandes exigences et à supporter de grandes fatigues par suite des vedettes à fournir, des patrouilles, des ordonnances à détacher, des grand'gardes à établir et à soutenir. Elles fatiguent, en tout cas, plus que celles qui marchent tranquillement avec la colonne sur la grande route ou se reposent dans leurs cantonnements sous la protection des avant-postes. Il ne peut donc qu'être utile à la masse qu'on les relève souvent.

De plus, en présence ou à grande proximité de l'ennemi, il est bon de ne pas appeler l'attention de l'adversaire sur nos mouvements, en relevant trop tôt les avant-postes; il faut éviter aussi de s'exposer à voir les points évacués aussitôt envahis par ses patrouilles pour reconnaître notre situation. Il convient donc de ne pas confier de nouveau le service d'avant-garde à des troupes déjà fatiguées; il vaut mieux former la nouvelle avant-garde en arrière de ces avant-postes et ne relever ceux-ci qu'après qu'ils auront été dépassés par l'avant-garde.

La marche de la division s'exécute, en général, de la même manière que la veille ; les deux régiments de la brigade de grosse cavalerie ont alterné dans la colonne ; c'est là une mesure que l'on ne saurait trop recommander. Quand il y a de la poussière, les troupes qui marchent à la queue souffrent plus que celles qui sont en tête et, par les temps de pluie, quand les chemins ont déjà été défoncés par des milliers de chevaux, la marche est beaucoup plus pénible. En général, il est beaucoup plus agréable de se trouver en tête d'une longue colonne ; on ressent moins d'à-coups, on marche plus facilement, etc. Aussi il est bon, dans des marches qui doivent se répéter longtemps, de faire même alterner entre eux les escadrons des régiments.

Dans le voisinage de l'ennemi, quand la division est réunie ou à peu près, le général de division réglera lui-même l'allure de la marche. Il doit, de plus, toujours marcher en avant ou au moins avec la brigade de tête. Ainsi que nous l'avons vu, le général de division se trouvait encore en arrière à 6 h. 42 m., lorsque le général de brigade C. crut devoir faire quitter la route au gros du 2e dragons, pour lui faire prendre la direction d'Hermerswiller. Mais ce mouvement n'est pas sans influence sur la marche du reste de la division. Si le commandant de la division veut conserver ses forces concentrées et parer aux éventualités qui peuvent se présenter, il n'a plus la liberté de porter sa brigade de grosse cavalerie dans une autre direction et il se voit, au contraire, forcé de la laisser suivre les dragons à l'est de la route.

Il est tout naturel que les dragons se dirigent du côté où ils ont le plus de chance de soutenir celui de leurs escadrons qui se trouve déjà en contact avec l'adversaire, mais il peut souvent arriver que la direction prise par eux ne réponde pas aux intentions du général de division. On perdrait un temps précieux s'il fallait aller à sa recherche pour lui demander ses ordres; la brigade de tête est bien obligée de prendre d'elle-même et sans retard les mesures nécessaires dans le moment et l'on ne peut éviter les inconvénients que nous venons de signaler, que si le général de division marche avec elle.

A propos du 4e escadron, remarquons encore qu'il n'oublie pas, malgré la présence de l'ennemi, de s'emparer de la station du chemin de fer et surtout du télégraphe. Dans d'autres circonstances, on y pense presque toujours à temps; cependant, il arrive souvent qu'on oublie cette sage précaution, et qu'on se laisse absorber par les flanqueurs de l'ennemi qu'on a devant soi, et alors la ligne télégraphique reste à la disposition de l'adversaire, qui a tout intérêt à conserver jusqu'au dernier moment ses communications avec les corps en arrière.

La situation de la division, à son arrivée sur les hauteurs de Soultz, mérite une attention particulière. Le gros de la division suit d'assez près les deux escadrons d'éclaireurs à la distance qu'exige la marche d'une colonne concentrée à proximité de l'ennemi; et l'on se voit entraîné à déployer toute la division sans être certain qu'elle se trouve en présence de forces sérieuses. Un pareil déploiement prend toujours beaucoup de temps et il y a lieu de se demander s'il est bien motivé.

La nature du terrain permet difficilement, en effet, de juger immédiatement la force de l'adversaire. Il y a plus de 2,000 pas d'Hohwiller au bois de Rambach; la ville et les pentes voisines qui sont assez escarpées ne permettent d'aborder le plateau en face que sur une étendue très restreinte. Quant à tourner la position, le terrain ne s'y prête guère, sans compter qu'on se trouverait assez compromis, si l'on était forcé à la retraite; en tout cas, un pareil mouvement exigerait beaucoup de temps; on se voit donc réduit à aborder de front, et dans des conditions défavorables, les hauteurs derrière lesquelles on suppose l'adversaire, si l'on ne veut pas se laisser arrêter longtemps par quelques escadrons.

Cette situation, nous le répéterons encore, est principalement résultée de ce que les deux escadrons d'éclaireurs remplirent mal leur mission. S'ils s'étaient avancés plus loin et qu'ils se fussent assurés qu'ils n'avaient qu'un ou deux escadrons devant eux, il aurait suffi de déployer et de faire venir la brigade de dragons, qui serait arrivée sur ces entrefaites. On aurait alors atteint le plateau beaucoup plus .tôt et refoulé les chasseurs avant qu'ils pussent être soutenus par les deux régiments de cuirassiers, et on aurait pu se reporter en avant au moins 11 à 12 minutes plus tôt.

Au lieu de cela, on reste dans l'incertitude sur ce qu'on a devant soi et l'on se voit entraîné à tenir toutes ses forces prêtes pour l'éventualité d'un combat. Une division d'infanterie peut bien entamer un combat avec sa tête de colonne, pendant que le gros s'approche, car elle est en mesure de soutenir un combat de pied ferme et de parer même à un mouvement offensif de l'ennemi. Il n'en est pas de même dans la cavalerie. Si l'ennemi s'avance, il faut l'attaquer ou se retirer. Tout combat de cavalerie se décide rapidement ; il n'y a pas à songer à tenir sur place longtemps et les réserves doivent, par conséquent, s'engager immédiatement ; il ne s'agit plus d'attendre leur arrivée et leur déploiement.

Si la brigade de dragons avait attaqué aussitôt après son déploiement, à 6 h. 57 m., le choc pouvait avoir lieu à 7 h. 2 m. près de la route de Soultz à Hohwiller. Or, nous savons qu'il était 7 heures lorsque la brigade de grosse cavalerie quitta la route pour prendre le chemin de traverse, il lui fallut 6 minutes pour se déployer, et après son déploiement, elle avait encore plus de 1,500 pas à parcourir ; elle ne pouvait donc entrer en ligne en totalité qu'environ 9 minutes plus tard.

En supposant que ses régiments se portassent isolément en avant, celui de tête ne serait jamais arrivé en ligne qu'au bout de 5 minutes. Ajoutons qu'en pareille circonstance, tous les mouvements sont précipités; il se produit des désordres qui ne peuvent que nuire considérablement à la marche régulière de l'attaque. On ne saurait d'ailleurs prétendre donner la direction voulue aux troupes, avant qu'elles ne s'ébranlent pour marcher à la charge et, cependant, c'est une condition indispensable du succès, surtout quand elles sont rangées en profondeur; les régiments se jettent alors dans la mêlée là où ils voient quelque ennemi à leur portée, sans s'inquiéter des lignes qui suivent ni des points où leur action pourrait être le plus utile. Les charges insensées des 2e et 3e lignes, dans un combat déjà engagé, sont des fautes que l'on a souvent commises de nos jours, et que l'on ne saurait trop sévèrement blâmer. Le but principal que l'on doit se proposer dans les manœuvres, c'est précisément d'empêcher de gros corps de cavalerie de s'engager à l'aventure et sans réflexion.

On ne peut nier, malgré la négligence des deux escadrons de dragons, qui n'ont pas cherché à se renseigner sur la force et la position de l'ennemi en se portant sur les flancs de la position présumable de l'adversaire, qu'il ne soit possible d'arriver à ce résultat sans avoir besoin de déployer toute la division devant quelques flanqueurs. Il se présentera, du reste, des situations qui ne permettront pas un pareil mouvement, et on sera réduit à aborder de front un terrain qui masquera ou sera supposé masquer la présence de gros détachements.

En pareils cas, on peut très bien chercher à refouler les flanqueurs par de petits détachements et à gagner des points qui permettent de plonger ses regards dans la position de l'adversaire ou forcent celui-ci à quitter sa retraite pour en empêcher l'accès et l'obligent ainsi à dévoiler sa présence.

C'est ce qui eut lieu ici à l'extrême gauche, à la suite du mouvement d'un peloton du 3ᵉ escadron du 2ᵉ dragons qui se porta en avant en passant près d'Hohwiller. Il put constater que l'adversaire avait de grandes forces concentrées derrière la ligne de flanqueurs. Si le 5ᵉ escadron en avait fait autant à l'aile droite, la reconnaissance eût été complète.

Mais une telle conduite demande une grande prudence et suppose une grande habileté dans la direction en même temps que l'énergie nécessaire pour tenir ses hommes dans la main. On y emploiera un ou même deux escadrons. Si le front est étendu, ces escadrons se porteront en avant sur différents points, précédés chacun d'un peloton et de flanqueurs chargés de refouler l'adversaire et de gagner un bon point d'observation. Les pelotons, pas plus que les escadrons qui les suivent, ne se laisseront entraîner au combat. L'instruction de leurs officiers doit se borner à leur dire : « Nous voulons simplement essayer d'atteindre tel point, pour juger de là la force et la

position de l'ennemi. Conformez-vous exactement
à mon commandement. »

Si ensuite le chef de peloton aperçoit des détachements qui débouchent sur lui, il doit aussitôt
faire demi-tour.

Pendant toute son opération, il aura soin de
ne pas faire ses mouvements à une allure trop
vive, surtout si les hommes voient l'ennemi pour
la première fois; ils perdraient facilement la tête
et partiraient au galop à toute vitesse et à l'aventure.

Les escadrons qui suivent sont destinés à les
recueillir; leur présence seule suffira, la plupart
du temps, pour empêcher la poursuite. Si au contraire le peloton de tête se laisse entraîner au
combat et que l'escadron s'engage à son tour pour
le dégager, celui-ci éprouvera de grandes pertes
s'il a affaire à un ennemi supérieur en nombre,
et obligera même les autres corps de la division
à entrer successivement en ligne. Cela n'est ad-
missible que si l'on est déjà décidé à une attaque
générale de toute la masse et si toutes les forces
sont déjà déployées. Dans le cas actuel, il est évident qu'on ne veut pas encore engager toutes ses
troupes; on ne le pourrait même pas ; notre escadron de dragons n'a pour mission que d'éclairer,
en forçant l'ennemi à déployer une partie de ses
forces.

Le général de brigade C. a donc bien fait d'arrêter le mouvement du 3ᵉ escadron du 2ᵉ dragons
déjà lancé au galop, puisque aucun danger ne

menaçait le peloton qui opérait déjà sa retraite.

L'étendue de la ligne des flanqueurs ennemis, jointe à la fusillade violente qui se faisait entendre à la sortie sud de Soultz, et à l'arrivée soudaine de deux pelotons de chasseurs, était bien de nature à faire croire au général de division qu'on avait devant soi tout le régiment avec lequel on avait lutté la veille. Ses prévisions étaient loin d'être aussi exactes, quand il supposait l'adversaire déjà renforcé, bien que cela se fût confirmé à la suite jusqu'à un certain point, en ce sens que les chasseurs attendaient à tout moment l'arrivée de la brigade de cuirassiers. Ses suppositions n'étaient basées que sur cette considération que plus on approche de la région où sont signalées les forces principales de l'ennemi, plus on doit s'attendre à voir entrer de nouvelles forces en première ligne.

Il faut dire cependant que si l'ennemi avait eu sous la main des forces sérieuses de cavalerie, il aurait pu singulièrement entraver la marche de la division en faisant occuper Hohwiller par des cavaliers à pied. Les dragons n'auraient certainement pu attaquer avant d'avoir pris le village, sans compter qu'ils n'avaient pas sur leur front la place nécessaire pour se déployer.

La division s'avance formée *sur trois lignes*. Le 2e dragons forme la première ligne, son 3e escadron est en éclaireurs en avant; le 1er dragons se trouve en 2e ligne, la brigade de grosse cavalerie en 3e, en réserve à la disposition du général de division. On a déjà pu voir dans le récit que lorsqu'on opère avec de grandes masses, le fractionnement sur trois lignes est imposé par la nature même du combat. Il faut une première troupe qui se jette d'abord sur l'ennemi, puis une 2° qui prolonge le front de la 1re, en cas de besoin, assure ses flancs et soit prête à faire face aux nouvelles forces qui peuvent entrer en ligne. Enfin, le commandant de la division doit avoir une réserve sous la main pour parer à toutes les éventualités qui se produiront dans la lutte de ses principales forces et paralyser l'action des réserves de l'ennemi. On ne peut faire moins de trois lignes, mais on peut en faire davantage, en ce sens que chacune d'elles peut se subdiviser. Ici, par exemple, si la brigade de grosse cavalerie entrait en action, elle pouvait se fractionner en deux lignes.

Lorsque le général A. se vit forcé par le cours des choses de marcher à l'ennemi de front, il pouvait le faire de deux manières, soit en déployant en première ligne autant d'escadrons que le terrain le permettait et en mettant le reste en deuxième et en troisième ligne, soit en marchant en échelons.

Nous ne croyons pas la 1re méthode aussi avantageuse dans le cas qui nous occupe. On n'est pas encore complétement fixé sur la force de l'adversaire, ni surtout sur le point d'où il pourra déboucher, quand on sera arrivé sur la crête des hauteurs; on fera donc bien de ne mettre d'abord en première ligne que le moins de monde possible. Car la première ligne sera surprise par l'apparition subite de l'adversaire et se jettera sans plus de réflexion sur les premières troupes qui déboucheront, et les régiments vous échapperont facilement dans des circonstances où un ou deux escadrons auraient suffi. S'ils veulent ensuite poursuivre leurs avantages, ils s'exposent à se heurter trop tôt contre les réserves de l'adversaire dont ils assureront le succès, car l'avantage reste ordinairement à celui qui peut jeter le dernier des troupes fraîches dans la balance.

En pareils cas, il vaut donc mieux s'avancer en échelons. Le premier échelon qui rencontre l'ennemi peut, au besoin, être soutenu immédiatement par ceux qui suivent et l'on a en même temps la liberté de diriger ces derniers en temps opportun contre les deuxième et troisième lignes de l'adversaire, qui s'avancent au galop.

Il y a bien des manières de former les échelons. Nous avons ici trois escadrons du 2ᵉ dragons et les quatre du 1ᵉʳ dragons. Cette brigade pouvait marcher par régiments accolés, chacun d'eux se faisant précéder par un escadron, les autres escadrons suivant à distance de ligne, et débordant les premiers à droite et à gauche; chaque régiment formerait ainsi deux échelons, les deux escadrons de tête n'ayant d'autre but que d'éclairer la marche et de masquer le mouvement des suivants.

Fig. 1.

2ᵉ dragons.   1ᵉʳ dragons.

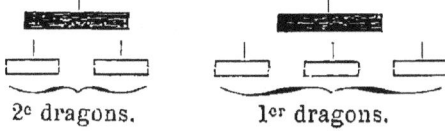

On peut aussi former une avant-ligne commune à toute la brigade et faire suivre les lignes en échelons en arrière à droite et à gauche. Cette méthode donne lieu à un certain nombre de combinaisons, entre autres aux suivantes, par exemple :

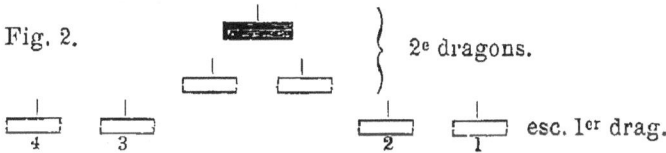

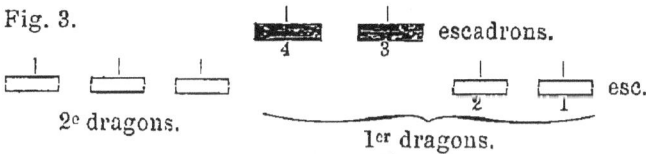

Fig. 2.

2ᵉ dragons.

esc. 1ᵉʳ drag.

Fig. 3.

escadrons.

esc.

2ᵉ dragons.

1ᵉʳ dragons.

L'on peut encore former les échelons par régiments accolés, comme nous l'avons fait dans notre étude :

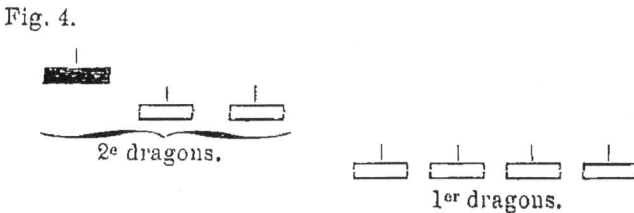

Fig. 4.

2ᵉ dragons.

1ᵉʳ dragons.

Quant à nous, nous préférons la formation qui laisse au régiment sa cohésion tactique; nous croyons celles qui sont représentées aux fig. 1, 3 et 4 meilleures que celle de la fig. 2. Lorsque nous étudierons les combats de grandes masses de cavalerie, nous aurons occasion d'entrer dans plus de détails à ce sujet.

Il est évident que la mission principale des échelons qui suivent est de couvrir les flancs des lignes qui s'avancent. Par conséquent, lorsqu'on marche à l'ennemi et qu'on ne peut encore distinguer complétement la force de l'adversaire, les soutiens doivent suivre dès le début la première ligne en arrière des ailes, à moins toutefois que ces ailes ne s'appuient à d'autres troupes ou à des accidents de terrain; c'est un grand avantage surtout quand la nature du terrain permet d'appuyer ainsi une des ailes. Elle est complétement à l'abri de tout danger et l'on peut reporter ailleurs une partie des troupes pour renforcer le flanc découvert et le plus menacé.

On ne peut donc qu'approuver la brigade de dragons d'avoir cherché à profiter du ravin d'Hohwiller pour y appuyer sa gauche en échelonnant à droite le reste de ses forces.

Dans les études sur la division d'infanterie, (3° partie), nous avons montré que la disposition en échelons n'a plus aujourd'hui la même importance qu'autrefois. Il n'en est que plus nécessaire de faire ressortir les avantages de cette formation dans la cavalerie, surtout quand on marche à l'attaque sans voir complétement la première ligne de l'adversaire ; toutefois, il est bon d'observer que les divers échelons, surtout ceux qui sont destinés à l'attaque proprement dite, ne doivent pas être trop faibles.

Avant de continuer la description de la suite du combat, nous dirons encore un mot sur un sujet qui a bien son importance, nous voulons parler de la place à prendre par le commandant en chef. Les généraux de cavalerie doivent éviter aussi de changer de place trop souvent, s'ils ne veulent s'exposer à ne pas recevoir les divers avis qui leur sont envoyés et à perdre de vue l'ensemble et s'ils veulent en même temps conserver le calme et le sangfroid nécessaires en pareille circonstance. Il se trouvera toujours des points d'observation qui permettront au général de juger l'ensemble et d'envoyer ses ordres dans les conditions voulues. Dans le cas présent, le commandant de la division n'aurait pu le faire, s'il était resté sur la hauteur d'Hermerswiller; il aurait bien pu observer de là le choc de sa première ligne, mais il n'aurait pu voir l'arrivée des réserves ennemies que lorsqu'elles auraient déjà été engagées, et ses propres réserves seraient arrivées trop tard. Le talent du général de cavalerie dans le combat consiste principalement à engager à temps ses deuxième et troisième lignes pour parer à l'arrivée des lignes suivantes de l'adversaire et à porter secours, dans le moment propice et sur les points voulus, à celles de ses forces qui sont déjà aux prises.

Dans notre exemple, c'est le commandant de la division qui a indiqué à la brigade qui se trouvait en tête la direction à suivre et la mission qu'elle devait remplir. Quant aux détails d'exécution, à la manière d'engager ses échelons et aux points où il faut les faire entrer en ligne, c'est surtout l'affaire du général de brigade. Le général A. n'a qu'à surveiller l'exécution ; son rôle maintenant est plutôt de diriger convenablement la brigade de grosse cavalerie de manière à pouvoir l'engager tout entière, ou par fractions, suivant que les circonstances le réclameront.

Il faut pour cela qu'il cherche à voir de bonne heure l'état des choses sur le plateau, mais tout en gardant cette brigade sous la main, de telle sorte qu'elle ne puisse être forcée ou entraînée par les événements à s'engager contrairement à ses intentions.

La place prise ici par le général de division, permet facilement de satisfaire à ces exigences. Comme le flanc gauche des dragons est couvert par la nature du terrain, le général se porte à la droite de la brigade de dragons, à portée de la brigade de grosse cavalerie, qu'il maintient immédiatement derrière lui. A son tour, le général de brigade C. a sa place tout indiquée à droite du 2ᵉ dragons et en avant du 1ᵉʳ.

Le point d'observation à choisir dépendra des circonstances, mais, en tout cas, il est de la plus grande importance. Les officiers généraux feront bien d'y veiller, même dans les grandes manœuvres,

sans perdre de vue naturellement que la présence
ou le feu de l'ennemi ne permettent pas toujours
de rechercher les points les plus favorablement
placés pour faciliter la direction des masses.

Nous savons bien qu'on est généralement entraîné à prendre part à toute attaque qui se déve-
loppe en avant de soi et à donner un brillant
exemple en se lançant à la charge à la tête de ses
cavaliers. Un pareil exemple sera souvent admis-
sible, mais, dans beaucoup de cas, il ne sera pas
motivé. Les colonels et les officiers des régiments
entraîneront tout aussi bien leurs hommes, sans
que le général se mette en tête pour se réduire au
simple rôle du cavalier dans le choc, précisément
au moment où la situation réclame la plus haute
expression de ses aptitudes au commandement.
Car il s'agit maintenant de savoir distinguer les
mouvements de l'ennemi, de diriger les 2e et 3e
lignes et de donner à temps le signal du ralliement dans la mêlée et dans la poursuite.

Partout où les officiers généraux et les colonels
n'ont pas à s'occuper de ces divers points de vue,
ils marcheront à l'attaque à la tête de leurs
troupes. Il en sera ainsi, par exemple, quand une
des brigades d'une division marchera déployée
tout entière en 1re ligne. Si, au contraire, la
2e brigade suit, en échelons, sur une des ailes,
son général ne devra pas s'engager lui-même
dans la mêlée, tant qu'il aura encore un escadron à diriger ; il ne pourra le faire qu'avec le
dernier échelon, en supposant bien entendu qu'il

y ait là une autorité supérieure pour donner le signal du ralliement, etc.

Si le général de division voulait charger avec l'escadron de tête, on peut être certain que tout son monde, dragons, uhlans et cuirassiers le suivront tête baissée. En supposant même qu'ils repoussent avec succès les chasseurs et le régiment de cuirassiers qui les soutient, la division, désorganisée, court le risque d'être complétement renversée par l'arrivée du 2ᵉ régiment de cuirassiers.

Il n'y a que la connaissance la plus étendue de son rôle et le plus grand sang-froid qui puissent empêcher un général de se mettre à tout instant à la tête de ses troupes, mais il ne doit jamais oublier qu'il n'est autorisé à le faire que par exception et que lorsqu'il y est entraîné; il abandonne, dans la plupart des cas, la direction de ses troupes.

Attaque du 3ᵉ escadron du 2ᵉ dragons.

Dans le combat de Soultz que nous avons décrit, nous avons cherché à nous rapprocher autant que possible de la réalité, en faisant toutefois ressortir dans une certaine limite l'intervention des différents chefs, intervention qui fait trop souvent défaut et qui est cependant indispensable, si l'on ne veut laisser au hasard le soin de décider des diverses péripéties d'un combat de cavalerie.

Les deux pelotons de flanqueurs du 1ᵉʳ dragons, qui marchent en tête, découvrent d'abord, à leur arrivée sur la hauteur, une ligne de cavalerie qui s'avance de Reimerswiller sur Hohwiller, en longeant le ravin. Comme la division tout entière marche en vue d'une attaque, l'escadron de tête ne peut avoir aucune hésitation sur ce qu'il a à faire : il se déploie et se jette sur l'ennemi sans s'inquiéter de sa force ni des lignes qui peuvent se trouver derrière ces premières troupes. Il n'y a qu'une mauvaise cavalerie qui puisse se laisser influencer, dans de pareilles circonstances, par la supériorité de l'adversaire et faire demi-tour ; une bonne troupe suivra ses officiers tête baissée.

Les deux troupes qui en viennent aux mains ici sont d'égale force et le choc du 3e escadron à lieu avant que les autres escadrons du régiment soient arrivés à sa hauteur. Il est indispensable de se représenter bien exactement tous les détails de ce combat, si l'on veut trouver le moyen d'employer le plus utilement les masses qui suivent.

De tout temps, le succès d'une attaque n'a reposé que sur l'impétuosité du choc produit par des escadrons chargeant à rangs serrés et avec la plus grande vitesse possible; on a toujours proclamé bien haut la puissance de l'attaque exécutée botte à botte avec des chevaux entraînés et capables de parcourir de grands espaces au galop de charge sans épuiser leurs forces, et on a eu raison. Aujourd'hui même, quoique nous n'admettions plus en général que le tact de l'étrier, l'attaque *en muraille* conserve encore toute sa valeur.[1].

Il ne faut certainement pas s'imaginer qu'un escadron lancé à la charge dans ces conditions va tout renverser sur son passage.

Ce qu'il y a de certain, c'est que, dans une attaque de deux escadrons opposés, l'avantage sera pour celui qui arrivera le plus serré et possédera la plus grande vitesse au moment du choc.

Ses chevaux sont moins tentés de faire demi-tour ou de prêter le flanc : dans ces moments critiques, les chevaux les mieux montés se dérobent même facilement, pour peu qu'ils aient la place nécessaire. Ensuite, le courage de l'homme, qui se trouve intimement lié avec son voisin, est généralement plus grand que quand il se voit séparé de lui par un grand vide.

Mais il est bien difficile d'exécuter réellement une charge vive et à rangs serrés, quel que soit le degré de perfection auquel on puisse arriver par les exercices. En campagne, la nature du terrain opposera souvent des obstacles à la cavalerie la mieux exercée. On rencontre, dès les premiers pas, ou quelque ruisseau encaissé, ou quelque fossé ou des monceaux de pierre, etc., que l'on ne peut franchir ; çà et là quelques cavaliers sont renversés, ou bien encore les balles viennent bel et bien éclaircir les rangs ; il s'ensuit que l'attaque se fait la plupart du temps à rangs ouverts

---

[1] La carabine et la lance empêchent de serrer plus complétement les cavaliers.

et que les lignes finissent par se traverser plus ou moins, si l'une même n'a déjà fait demi-tour. Quelques cavaliers pénètrent avec violence dans la muraille vivante qui marche à eux, d'autres ne peuvent y parvenir; l'ennemi est repoussé sur quelques points où la charge est arrivée compacte et avec la vigueur voulue, tandis que sur d'autres il poursuit sa course à travers les vides de l'adversaire. Au milieu de la surexcitation générale, on ne peut se débrouiller du tourbillon et maints cavaliers sont entraînés par leurs chevaux qu'ils ne peuvent plus maîtriser.

La masse se fond peu à peu dans une série de combats particuliers où des groupes de 6, 8 ou 10 cavaliers en viennent aux mains, pour se diviser à leur tour et l'on en arrive au combat d'homme à homme, ou de plusieurs contre un seul, suivant que le hasard les conduit; des groupes de cavaliers se jettent sur tous les blessés qui tiennent encore debout et les achèvent à coups de sabre [1]. Un grand nombre cherchent à échapper à l'adversaire qui les presse trop vivement, pour aller ailleurs renouveler le combat; quelques uns enfin, auxquels le cœur fait défaut, s'éloignent de la mêlée.

Au lieu des deux longues lignes minces qui marchaient l'une à l'autre, les combattants ne forment bientôt plus qu'une grande masse désor-

[1] L'expérience prouve que le coup de sabre renverse rarement un cavalier, tandis que le coup de pointe ne le manque presque jamais. On doit donc s'attacher à ce dernier dans les exercices du sabre.

donnée, ramassée sur le centre, d'où s'échappent de petits groupes et des cavaliers isolés qui finissent par couvrir le champ de bataille. Des chevaux errants, des blessés encore à cheval se précipitent dans toutes les directions ; d'autres, démontés, recherchent l'abri de quelque buisson ou gagnent quelque chemin creux où ils courront moins le risque d'être sabrés.

C'est ainsi que nous nous figurons le premier choc du 3ᵉ escadron du 2ᵉ dragons avec les chasseurs ennemis.

Entrée en ligne des 1ᵉʳ et 2ᵉ escadrons du 2ᵉ régiment de dragons.

Les 1ᵉʳ et 2ᵉ escadrons du 2ᵉ dragons entrent ensuite en ligne ; les deux escadrons suivaient le 3ᵉ à 300 pas, à distance de ligne; s'ils avaient marché à la même allure que le 3ᵉ, ils auraient donc pu arriver au combat en 3/5 de minutes environ. Il arrivera certainement souvent que les deuxièmes lignes prendront le galop en même temps que la première, mais cela n'est pas toujours utile. On fatigue inutilement les chevaux avant le choc, les rangs s'ouvrent, et l'on se voit facilement entraîné à attaquer prématurément, quand on voit des cavaliers ennemis devant soi après le choc de la 1ˢᵉ ligne.

Dans le premier combat de cavalerie d'une campagne, les hommes sont surexcités et ont déjà moins de tendance à rester en ordre compact ; les officiers eux-mêmes sont obligés de maîtriser leur entrain personnel et il leur est d'autant plus difficile de maintenir leurs hommes que le galop commence généralement trop tôt et entraîne un certain nombre de cavaliers qui éclaircissent les rangs.

Mais la plus grande faute que l'on puisse commettre dans un combat de cavalerie, c'est celle qui se représente sans cesse, quand on lance à l'aventure les 2ᵉ et 3ᵉ lignes dans un combat déjà engagé en avant d'elles. Maints officiers de cavalerie ont raison certainement quand ils disent : « Il y a là quelque chose à faire, nous devons y être ; » mais un pareil sentiment n'a pour résultat que de dissoudre complétement vos forces et de les abandonner aux caprices du hasard, s'il n'est pas guidé par la réflexion et si l'on ne se demande pas à quel moment et sur quel point votre concours sera le plus utile.

La nécessité de régler l'engagement est encore plus importante pour les lignes qui suivent que pour la première ligne, et il faut employer tous les moyens pour conserver ses troupes dans la main et profiter des leçons de l'expérience pour empêcher ses charges prématurées et souvent insensées des dernières lignes.

Il suffit le plus souvent, à cet effet, de faire suivre au trot la 1ʳᵉ ligne par les escadrons ou les régiments de 2ᵉ ligne jusqu'au moment où les circonstances réclament leur concours. Si la

1re ligne a, par exemple, devant elle un champ de 1,500 pas et qu'elle fasse 1,000 pas au trot, avant de prendre le galop, l'attaque exigera 4 minutes un tiers et la distance entre la 1re et la 2e ligne s'augmentera de 500 pas, si la 2e reste au trot, de sorte que la 2e ligne entrerait dans la mêlée 2/5 de minutes plus tard que si elle avait pris le galop en même temps que la 1re ligne.

Pour ne pas retarder davantage encore l'entrée en action des régiments de 2e ligne, s'ils suivent en échelons sur les flancs, il est bon de faire prendre les intervalles aux escadrons déjà déployés en ligne de colonnes; s'ils marchent au contraire directement derrière la 1re ligne, il est préférable de laisser les escadrons d'un régiment massés en colonnes d'escadron, parce qu'ils se trouvent plus concentrés et mieux dans la main de leur chef, qui peut ainsi imprimer un mouvement d'ensemble à toute la ligne, comme cela est nécessaire en pareil cas.

L'ensemble de la situation décide si les lignes suivantes doivent marcher immédiatement derrière ou sur les flancs. La position sur les flancs est préférable du moment qu'on est arrivé dans la zone d'attaque; mais, dans les autres circonstances, il vaudra mieux y renoncer et les faire suivre directement en arrière de la 1re ligne, principalement, par exemple, quand on aura à traverser des champs de blés déjà grands; il est évident que les 2es lignes les passeront beaucoup plus facilement en suivant les traces de la 1re et qu'elles seront moins exposées à dévoiler leur force à l'adversaire. Dans notre exemple, on ne tint pas compte de cette considération, parce que de la hauteur où il se trouvait, l'adversaire avait déjà pu distinguer complétement la force de la division de cavalerie au moment où elle franchissait le bas-fond de Soultz.

Dès que les deux escadrons du 2e dragons qui suivent le 3e ont connaissance de l'approche de l'ennemi et qu'ils voient cet escadron se lancer sur lui, ils prennent aussitôt la direction voulue, puis ils se déploient et partent au galop. Malgré tout ce que nous avons pu dire plus haut à ce sujet, les escadrons ont eu raison de prendre immédiatement cette allure dans les circonstances où ils se trouvaient, à proximité de l'ennemi ; car il fallait avant tout gravir rapidement la hauteur et atteindre le plateau. Reste à savoir s'il vaut mieux rester en colonnes d'escadron pour exécuter ce mouvement et se déployer ensuite ou se déployer d'abord avant de gravir la hauteur. Mais ici, il ne s'agissait que de quelques secondes et il fallait à tout prix atteindre la hauteur ; aussi nous aurions préféré la première méthode.

L'attaque des 1er et 2e escadrons donne lieu encore à d'autres remarques intéressantes.

Parlons d'abord du déploiement. Comme on s'attend à chaque instant à se heurter contre l'ennemi, il est nécessaire de marcher déployé en ligne de colonnes. L'apparition de l'adversaire peut aussi à tout instant vous forcer à quelque changement

de direction ; il convient donc de laisser l'escadron en colonne sans le déployer à l'avance. Dans
tous les cas où la situation ne se sera pas encore
suffisamment définie, il faudra conserver aussi
longtemps que possible la 1re formation et ne se
déployer qu'au dernier moment. On évitera
ainsi le plus souvent la rupture de la ligne et les
inconvénients de toute sorte qui en résultent. Par
le fait même du déploiement, surtout si les pelotons prennent des directions divergentes, comme
cela a eu lieu ici, on donne prise à la 2e ligne
ennemie qui trouve occasion de se jeter avec
succès sur vos flancs ou vos derrières.

Puisqu'on attache avec raison tant de prix à
l'attaque à rangs serrés, il faut bien, par une disposition analogue à celle employée dans l'exemple
ou par toute autre, se ménager les moyens de
pouvoir combler les vides qui ne manqueront pas
de se produire. Et il s'en produira non seulement
dans le mouvement même du déploiement, mais
encore dans la marche en avant par suite des
obstacles qu'on sera obligé de tourner, de la perte
de la direction, ou des différents points d'attaque
choisis par l'ennemi.

Il y a donc là une exigence inhérente au combat
de cavalerie à laquelle on ne peut se soustraire et
l'on ne saurait se dispenser par conséquent de faire
marcher immédiatement derrière la ligne qui va
s'engager une troupe de soutien, chargée spécialement de combler les vides de la première ; cette
troupe n'aura pas besoin d'être bien forte. Il est très

désirable que le régiment qui marche en avant se constitue d'abord un soutien de ce genre avec ses propres escadrons, en mettant, par exemple, 3 escadrons en 1ʳᵉ ligne et le 4ᵉ en arrière. On préviendrait ainsi plus facilement le mélange des différents corps ; il importe de s'exercer à de pareilles manœuvres pendant la paix ; toutefois, on ne saurait nier que cette méthode n'affaiblisse la puissance de la 1ʳᵉ ligne et n'entraîne à faire donner les troupes de la 2ᵉ ligne plus tôt qu'autrefois.

Nous n'y voyons cependant pas grand inconvénient.

Quand même le régiment de 2ᵉ ligne se verrait forcé de porter de bonne heure un de ses escadrons en 1ʳᵉ ligne, cette méthode vaut encore mieux, selon nous, que celle qui consiste à former avec ce régiment le soutien immédiat de la première ligne et à le laisser par suite se fondre dans ses rangs.

Il reste encore un point à élucider concernant l'entrée en ligne des deux escadrons du 2ᵉ dragons ; était-il bien nécessaire de les engager immédiatement tout entiers ? Il est incontestable que l'escadron de droite n'avait pas autre chose à faire qu'à se jeter à la rencontre du 2ᵉ escadron de chasseurs, qui venait du sud-ouest. Mais le 2ᵉ escadron de dragons devait-il donc prendre part immédiatement au combat du 3ᵉ en même temps qu'à celui du 1ᵉʳ qui se développait au même moment sur sa droite ? D'après ce que nous savons maintenant de la situation, cela n'était pas nécessaire, mais il faut faire observer toutefois que l'on ne peut toujours juger la force de l'adversaire qui débouche tout à coup, voire même de sa première ligne, et que, dans ces moments de surexcitation, on est souvent porté à l'exagérer. Il importe avant tout de conserver la cohésion dans les escadrons et d'en garder un en réserve aussi longtemps que possible. Il est évident que la question se décidera plus rapidement et avec plus de chances de succès pour nous, si nous opposons deux escadrons à un seul de l'ennemi, à la condition toutefois qu'il n'arrive aucun soutien à l'adversaire avant que l'affaire ne soit vidée. Dans le cas contraire, l'arrivée et la charge compacte de son 2e escadron sur les deux nôtres déjà rompus lui redonnera l'avantage. On ne saurait perdre de vue cette considération.

Nous croyons donc devoir encore reprocher un peu trop de précipitation au commandant du 3e escadron qui s'est lancé au combat dès qu'il a aperçu sur sa gauche l'attaque du 3e escadron. Celui-ci n'avait pas encore besoin pour le moment d'être soutenu, du moins d'une manière pressante. Mais il n'en était plus de même, s'il était menacé par l'arrivée de renforts ennemis et le 2e escadron pouvait lui être du plus puissant secours en maintenant ces renforts à distance.

Il était tout aussi inutile de lancer à la fois les 1er et 2e escadrons sur les autres chasseurs qui débouchaient du sud-ouest; il est vrai que le mouvement ne fut pas complétement exécuté, mais il n'en était pas moins dans les intentions du commandant du régiment dès qu'il avait pu distinguer exactement la force de cette nouvelle attaque. Ici encore il suffisait d'envoyer l'escadron de droite, en conservant le 2e à sa disposition pour s'opposer aux troupes de soutien qui pouvaient survenir, ou si l'on n'en voyait pas, pour se jeter dans l'un des deux groupes qui combattaient, aux points où il pourrait être le plus utile.

Il suffisait pour cela d'attendre quelques instants avant de le lancer à l'attaque. Ces instants auraient permis d'apercevoir le mouvement des cuirassiers ennemis et de se porter à leur rencontre. La droite du 2e régiment était suffisamment couverte par l'autre échelon de la brigade, le rôle du 2e escadron était donc tout indiqué : c'était de faire tous ses efforts pour empêcher les cuirassiers d'entrer en ligne à l'aile gauche,

Grâce à cette diversion, le choc du 2e escadron avec la droite du régiment de cuirassiers aurait eu lieu un peu plus au Sud que le point où les autres dragons se trouvaient alors engagés.

La supériorité de l'adversaire n'aurait certainement pas manqué de se faire sentir, et l'on n'aurait pu que constater l'influence qu'aurait exercée l'appui immédiat d'un 4e escadron placé derrière le 2e dragons. Ce soutien eût été d'autant plus utile que le secours apporté par le 1er dragons à la droite du 2e ne put d'abord produire aucun effet sur cette partie du champ de bataille, parce qu'il vint se heurter aux deux escadrons de gauche des cuirassiers.

Il est impossible de représenter suffisamment dans les manœuvres les détails d'un combat de cavalerie. Il est donc nécessaire de se les figurer de la manière la plus complète, si l'on veut être fixé sur l'emploi à faire des forces dont on dispose. Il est certain qu'il y aura encore loin de là à l'exécution. Mais étant données deux natures également douées, l'avantage sera évidemment pour celle qui aura le plus étudié et approfondi la matière.

Nous pouvons déjà attirer ici l'attention sur un des point les plus importants, selon nous. Tant que le règlement ne dira pas formellement que les deuxièmes lignes feront souvent bien de s'arrêter en totalité ou en partie après le choc de la première ligne et que nous n'en ferons pas l'objet d'exercices constants, nous ne pourrons éviter de les voir se jeter sans nécessité et en temps inopportun dans le combat déjà engagé en avant d'elles.

Examinons maintenant ce qui se passe à l'est du champ de bataille. Là 300 cavaliers environ du 3e escadron du 2e dragons sont confondus pêle-mêle avec le 1er escadron de chasseurs dans les mêmes conditions que nous avons décrites précédemment. Une minute environ après le choc, le commandant du 2e escadron se jette par un demi-à-gauche dans ce groupe avec deux pelotons et demi. Cette masse de 90 cavaliers se dirige sur le flanc droit des combattants qu'elle enveloppe même en partie du côté du sud et rencontre d'abord les petits groupes qui se sont détachés du noyau pour s'échapper dans cette direction. Ceux des chasseurs qui combattent sur ce point et qui ont aperçu cette nouvelle attaque, se voyant isolés en présence de cette masse compacte et menaçante, tenteront bien pour la plupart de se soustraire au danger ; quelques uns cherchent leur salut en faisant demi-tour, d'autres se voient déjà forcés de se jeter au milieu même du groupe. Tous ceux qui ont aperçu trop tard l'approche de cette nouvelle ligne, les chasseurs comme les dragons, sont pour la plupart entraînés avec elle, et il en résulte sur ces points un reflux momentané vers le centre comme vers le sud ; ceux qui combattent au centre ne tardent pas à se voir violemment pressés, et une masse de dragons finissent par surnager au milieu de tous ces chasseurs.

Les différents groupes deviennent bientôt plus épais et plus nombreux en présence de ces 90 dragons qui s'avancent en ligne serrée; les rangs de ces derniers ne tardent pas à s'ouvrir et à se fondre dans une série de combats individuels qui agrandissent la mêlée. L'effet produit par l'arrivée soudaine d'un pareil détachement dépend surtout de sa force. Dans le cas actuel, si quelque panique ne se produit pas dans le 3e escadron, il est probable que les 90 dragons auront bientôt décidé le combat. Il y a ici un fait caractéristique inhérent au combat de cavalerie qui mérite toute notre attention. Quand de nouvelles forces surviennent dans un combat encore indécis, l'effet produit se manifeste d'abord par un mouvement qui se communique parmi les combattants et se traduit par un flottement général de toute la masse. Mais où cette masse va-t-elle s'écouler? Par suite de la direction prise par le 2ᵉ escadron dans son attaque, les chasseurs auraient été en général refoulés vers le ravin, si leurs cuirassiers n'étaient pas survenus, et comme il n'y avait là aucune issue pour s'échapper, ils se seraient repliés vers le sud ou vers le nord où le combat avait déjà entraîné une partie des leurs. Si l'attaque des dragons s'était faite droit au sud, les chasseurs auraient été repoussés vers le sud ; si, au contraire, ils avaient débordé les combattants plus qu'ils n'ont fait, toute cette masse aurait reflué vers le nord et les chasseurs auraient alors cherché à rejoindre les leurs en s'échappant par un grand arc de cercle à l'est ou à l'ouest. A voir, dans ce dernier cas, les dragons revenir ainsi à toute vitesse au point de départ, l'observateur, placé sur la hauteur d'Hermerswiller, devait évidemment croire à un échec. Pour juger les événements en pareilles circonstances, il faut donc bien se garder de se fier aux apparences, si l'on ne veut pas s'exposer à prendre un succès pour un échec. En tout cas, si l'attaque a pris la tournure indiquée en dernier lieu, elle se terminera par la dispersion, souvent même par l'anéantissement de la cavalerie de l'adversaire.

On peut voir par ces considérations combien il

importe de bien déterminer le point où doivent s'engager les nouvelles forces que l'on porte en ligne. Un grand sang-froid, un coup d'œil prompt et une entente complète de leur rôle permettront aux différents chefs de bien choisir ce point et d'atteindre de grands résultats. Celui qui ne se laisse pas entraîner à se jeter avec son escadron ou son régiment par le plus court chemin dans la mêlée et qui est assez maître de lui pour préférer n'arriver au combat qu'une minute plus tard sur un point plus éloigné, est certain de produire un effet puissant qui pèsera lourdement dans la balance.

Reportons-nous maintenant au groupe qui combat plus à l'ouest. Pour plus de clarté, nous anticiperons sur les événements en donnant sur la situation des chasseurs des détails qui ne devraient peut-être être connus que plus tard par l'histoire de la guerre; nous dirons donc qu'au moment où le combat s'engagea, les 2ᶜ et 3ᶜ escadrons de chasseurs se trouvaient au sud de Soultz, à l'entrée de la ville. Un peloton du 3ᶜ était détaché sur la route de Wœrth, deux autres pelotons à pied se trouvaient en face de la gare sur le bord de la hauteur, d'où ils entretenaient un feu de mousqueterie. Le 4ᶜ peloton s'était joint à l'attaque du 2ᶜ escadron. Par conséquent, lors du choc de ce dernier avec la droite du 2ᶜ dragons, les forces étaient égales des deux côtés (185 chasseurs contre à peu près autant de dragons).

L'adversaire déboucha soudainement, mais dans une direction un peu oblique, sur les dragons au moment où ils arrivaient sur la hauteur, de sorte que leur droite fut d'abord prise en flanc et débordée par la gauche des chasseurs, tandis que leur gauche ne put produire le même effet sur la droite des chasseurs que quelques secondes après.

Cherchons d'abord à nous rendre compte de l'effet de ces charges qui viennent prendre ainsi une troupe de cavalerie en flanc.

Qu'on se mette à la place de ces cavaliers qui se trouvent à la droite d'une troupe marchant à l'attaque et qui s'aperçoivent qu'ils n'auront pas seulement affaire avec la partie de la ligne ennemie qui arrive directement sur eux, mais encore avec le reste de cette longue ligne qui va les déborder, il faut avouer qu'un pareil spectacle n'est guère fait pour produire une bonne impression et donner du courage. Chacun pense qu'il n'aura pas seulement à lutter contre l'adversaire qu'il aura devant lui, mais qu'il sera bientôt pris en flanc et sur ses derrières par un ennemi supérieur en nombre. En admettant même que l'excitation du moment et l'excellent esprit des hommes ne fassent pas naître de pareils sentiments, ils ne tarderont pas à sentir par le fait le poids d'une situation aussi critique.

Une pareille situation peut avoir des conséquences bien diverses. Il peut se faire que l'aile qui se trouve ainsi menacée soit entraînée à faire demi-tour sur une étendue plus ou moins grande et entraîne peu à peu le reste de la ligne à suivre son exemple. Si, au contraire, le reste de la ligne persiste à continuer l'attaque, elle n'en sentira que plus vivement la supériorité de l'adversaire.

Une autre fois, principalement quand les deux lignes opposées seront encore à une certaine distance, l'aile menacée cherchera à ramener l'équilibre par un mouvement de flanc ou une demi-conversion et manœuvrera de manière à envelopper elle-même l'adversaire sans tenir compte de sa supériorité. Un général habile, qui sait juger exactement le point où il doit arrêter son mouvement de flanc et le moment où il doit faire sa conversion, pourra souvent ramener l'équilibre nécessaire en présence d'un adversaire moins avisé et avec des troupes bien disciplinées. Mais plus les lignes sont rapprochées, surtout quand elles sont déjà déployées, moins il y aura de chances de parer ainsi au danger. De plus, il ne faut pas perdre de vue que si, par un mouvement de flanc, l'escadron de droite, par exemple, parvient à prévenir le danger qui le menace de ce côté, il se sépare ainsi du reste du régiment qui se trouve être débordé lui-même sur ses deux ailes. En pareils cas, on ne peut combler le vide qui s'est produit qu'en se faisant suivre d'assez près par un escadron de la 2ᵉ ligne.

Il peut encore arriver que l'aile menacée pénètre dans la partie de la ligne ennemie qu'elle a devant elle et qu'elle se trouve ainsi enveloppée par le reste de la ligne qui la déborde. Il est

6

évident que le combat sera inégal sur ce point; les cavaliers pressés de tous côtés succomberont en partie, ou bien ils chercheront à se frayer un passage pour se retirer, ou bien enfin, ils seront refoulés sur le reste de leurs camarades restés en ligne.

On peut donc conclure que la ligne qui attaque réussira rarement à échapper d'elle-même au danger d'être enveloppée; on a vu aussi que si l'on en arrive au choc, l'adversaire, même avec une supériorité de forces, ne peut se soustraire au désordre qui en est la conséquence et qu'un escadron de la deuxième ligne arrivant sur lui en ordre compact aurait toutes les chances de le renverser. Nous avons essayé de montrer, d'un autre côté, comment une simple menace de l'adversaire peut entraîner la première ligne à faire demi-tour même avant le choc, par conséquent, sans que l'ordre de l'attaque soit rompu; on fera donc bien d'éviter de faire demi-tour et de chercher les moyens de parer à temps à ce danger.

L'on entendra bien dire qu'il suffit de déborder la première ligne de l'ennemi; mais pour appliquer ce principe, on ne pourrait jamais mettre assez d'escadrons en première ligne, et il ne saurait plus être question de diriger le combat. D'un autre côté, il est assez difficile de reconnaître de loin la force de la première ligne de l'adversaire, qui peut, en outre, pendant qu'elle avance au trot, faire prendre le galop à des troupes de la deuxième ligne, pour la renforcer.

Il ne suffit pas de dire non plus qu'il faut mettre en première ligne une force égale ou supérieure à celle de l'adversaire. Avec de pareils principes, on n'arrive pas au but. On ne voit que des masses chez l'adversaire, lesquelles sont à un ou plusieurs kilomètres de distance; on ne peut pas encore savoir quelle sera leur étendue lorsqu'elles seront déployées. Il ne reste donc pour le moment qu'à mettre en première ligne un régiment ou une brigade ou même davantage, suivant l'impression produite par les forces qu'on aperçoit et d'après celles dont on dispose.

Le meilleur moyen de parer au danger de voir la première ligne ou des fractions de cette ligne débordées sur leurs flancs au moment du choc, ce sera de tenir toujours sous la main des troupes de la deuxième ligne et de guetter constamment et attentivement le moment de les engager, sans déranger la première ligne.

Si un régiment ou un des escadrons de la première ligne est forcé d'appuyer d'un côté ou de l'autre, l'escadron conservé en réserve, comme nous l'avons proposé plus haut, reste disponible pour combler du moins en partie, dans le moment le plus critique, le vide qui s'est produit.

Avant de tirer des conclusions générales de ces considérations, nous examinerons encore la conduite des troupes de deuxième ligne de notre exemple.

Entrée en ligne du régiment de cuirassiers ennemis.

Ainsi que nous l'avons vu, le régiment de cuirassiers ennemis n'est pas en mesure de préserver les chasseurs déjà engagés (1er escadron) contre l'arrivée des deux pelotons et demi du 2ᵉ escadron du 2ᵉ dragons.

Cela tient à la grande distance où se trouvait ce régiment; il faut dire toutefois qu'il s'approchait seulement du champ de bataille et qu'il ne marchait pas, par conséquent, à distance de ligne. Le combat étant déjà engagé en deux endroits à son arrivée, il se dirigea sur ces deux points les deux premiers escadrons sur le groupe de l'est, les deux autres sur le groupe de l'ouest. On peut se demander s'il était réellement nécessaire d'engager immédiatement ces deux fractions. Il était évident qu'il fallait entrer en ligne : ce qu'on distinguait de la situation l'exigeait impérieusement. Au groupe de l'est, on voyait en ce moment les chasseurs refoulés par l'arrivée des 90 dragons du 2ᵉ régiment; il fallait donc les soutenir; il en était de même, à en juger du moins par les apparences, au groupe de l'ouest. Là, en effet, le commandant des cuirassiers ne pouvait distinguer la tournure favorable que prenait le combat à la gauche du 2ᵉ escadron de chasseurs, mais la droite de cet escadron allait se voir bientôt enveloppée et l'on apercevait déjà des chasseurs qui se retiraient rapidement vers le sud et surtout vers l'ouest.

Quant à savoir s'il fallait engager immédiatement tout le régiment de cuirassiers, nous croyons devoir répondre négativement à cette question. La mêlée qui se produisait devant lui, la poussière et surtout la nature du terrain ne permettaient pas au commandant du régiment de voir si de nouvelles forces suivaient les dragons ni combien il pouvait y en avoir ; il ne devait donc exposer que le strict nécessaire. D'après l'extension du combat qui se déroulait devant lui, il lui était facile de juger qu'il suffisait d'y porter deux escadrons. Les dragons poussaient principalement leurs charges sur les flancs intérieurs des deux groupes ; c'est sur ces points que les chasseurs paraissaient le plus en danger ; c'est là, par conséquent, qu'il fallait porter les deux escadrons.

Il eût donc été préférable, à notre avis, que le régiment de cuirassiers arrivât au trot jusqu'à 500 pas du lieu du combat, qu'il lançât ensuite ses deux premiers escadrons à l'attaque en faisant appuyer les deux autres un peu à gauche et qu'il attendît en position de manière à couvrir la gauche du 2ᵉ escadron de chasseurs et à prendre le vainqueur en flanc, si la droite était repoussée. Ils eussent été ensuite en mesure de faire face avec succès au mouvement du 1ᵉʳ dragons, lorsque celui-ci entra en ligne.

Ainsi que nous l'avons vu, le régiment de cuirassiers se jeta immédiatement dans la mêlée. Son 1ᵉʳ escadron y pénétra près du ravin et refoula les dragons qui combattaient là, en les

forçant de se replier pour la plupart au delà
d'Hohwiller. En général, il en sera toujours de
même, quand une masse surviendra ainsi dans
un combat encore indécis, à la condition qu'elle
ne soit pas trop inférieure en nombre à la somme
des combattants. Toutefois, il ne faut pas se dissi-
muler qu'il y a toujours un certain danger dans
un pareil mouvement, si le combat a déjà pris
une tournure décisive avant son exécution, et si
toute la masse se jette sur le nouvel assaillant.
Alors l'impression morale produite par l'échec de
la 1re ligne, jointe à l'impression physique qui
résulte de la vue de cette masse confondue des
combattants des deux partis, la situation des cavaliers amis accourus au secours des leurs, qui
maintenant reculent et les renversent tout aussi
bien que l'ennemi, tout cela tourne à l'avantage
de l'adversaire. Il arrive alors le plus souvent que
les 2es lignes qui s'avancent directement au secours
de la 1re, surtout quand elles sont déployées, sont
renversées et entraînées par l'avalanche, à moins
qu'elles ne soient composées de grosses masses
bien serrées, de colonnes, par conséquent, qui
soient assez fortes pour arrêter le torrent.

En général, on fera donc bien de placer les
soutiens de manière à flanquer les lignes mar-
chantes de la 1re ligne et à leur permettre de porter secours sur les points où le combat tarderait à
se décider ou menacerait de se terminer par un
échec.

Le 2e escadron de cuirassiers se dirige contre la

fraction du 2ᵉ escadron de dragons qui a débordé et vivement refoulé le flanc gauche du 1ᵉʳ escadron de chasseurs; il arrive, par conséquent, au point où il était d'abord nécessaire de porter secours et avec d'autant plus d'à-propos que ces dragons sont déjà complétement fondus dans la mêlée. Nous parlerons plus tard de son choc avec le 1ᵉʳ dragons et nous nous contenterons de dire ici que le combat sur ce point faillit d'abord se terminer au désavantage des dragons. Il faut ajouter toutefois qu'il n'y avait à cette aile que 240 dragons contre 450 chasseurs et cuirassiers.

Quant au 3ᵉ escadron de cuirassiers qui s'est porté au groupe de l'ouest, il se jette sur les dragons qui ont enveloppé la droite du 2ᵉ escadron de chasseurs. Le combat doit avoir produit sur ce point un pêle-mêle complet, sinon on aurait distingué, du nord au sud, des groupes successifs de dragons et de chasseurs, puis encore des dragons et enfin des cuirassiers, qui enveloppaient en outre le flanc est de tout le groupe. Il est évident que l'arrivée des cuirassiers ne dégagea pas seulement les chasseurs fortement compromis dans la mêlée, mais qu'elle fit en même temps refluer vers le nord toute cette masse qui s'arrêta immédiatement à l'arrivée du peloton de droite du 1ᵉʳ escadron du 1ᵉʳ dragons qui vint s'engager sur ce point.

Le 1ᵉʳ escadron de cuirassiers, de son côté, veut soutenir la gauche des chasseurs (2ᵉ escadron et 1 peloton du 1ᵉʳ) et vient se heurter avec le 1ᵉʳ régiment de dragons, dont nous allons nous occuper maintenant.

Entrée en ligne du 1ᵉʳ régiment de dragons.

Lorsque le général de brigade aperçut le 2ᵉ escadron séparé en deux parties, il envoya le 1ᵉʳ escadron du 1ᵉʳ régiment à son secours. Mais comme cet escadron se trouvait à une certaine distance sur la droite, en arrière du 2ᵉ régiment, son arrivée en ligne fut quelque peu retardée. Son peloton de droite fut entraîné au combat du groupe de l'ouest, au moment où il passait à sa portée; mais les 110 cavaliers restants n'en produisirent pas moins un effet décisif au groupe de l'Est. Là, la droite du 2ᵉ escadron de cuirassiers ennemis était engagée dans la mêlée; sa gauche, au contraire, s'était jetée entre les deux groupes, où elle ne rencontra que quelques cavaliers isolés incapables de faire grande résistance et avait fini par se fondre en une masse qui s'allongeait progressivement vers le nord, à mesure que les meilleurs chevaux prenaient les devants. Les chevaux étaient déjà pour la plupart hors d'haleine, à la suite de ce galop exagéré, et lorsque les trois pelotons du 1ᵉʳ dragons tombèrent sur le flanc de ces cuirassiers, une partie se jeta dans le groupe de l'Est, le reste fit demi-tour.

Il arriva ainsi qu'au moment où les cavaliers qui se trouvaient à l'est de ce groupe refluèrent vers le nord, ceux qui étaient à l'ouest furent refoulés vers le sud, confondus bientôt avec une masse de chasseurs et de cuirassiers que la proximité du ravin empêchait de trouver une issue vers l'est.

Le résultat du combat sur cette partie du champ de bataille fut d'autant plus complet pour la 1re division de cavalerie, qu'elle put encore engager utilement un escadron de la brigade de grosse cavalerie en le portant au point où le 2e dragons avait été refoulé.

Si le sort se prononça en faveur des dragons qui n'étaient que 360 contre 450 chasseurs et cuirassiers, il faut attribuer cet heureux résultat à l'avantage d'avoir jeté les derniers dans la balance une troupe compacte, qui produisit un effet décisif.

Le général de brigade prit encore une autre mesure, ce fut d'envoyer 2 autres escadrons du 1er escadron du 1er dragons au secours du groupe de l'ouest, aussitôt qu'il aperçut l'approche des cuirassiers ennemis ; mais il garda le 4e escadron comme dernière réserve.

Cette précaution était d'autant plus motivée qu'on voyait de nouvelles masses aux abords de la route et que la brigade de grosse cavalerie était encore assez loin. C'est là une des situations où il est indispensable de garder sous la main des fractions de la 2e (ou 3e) ligne et où il faut surtout éviter de s'engager sans réflexion. Il faut remarquer, en outre, que l'on ne peut espérer rallier rapidement son monde en un point déterminé qu'à la condition d'avoir sous la main une réserve destinée à servir de point de ralliement.

Le général de brigade ne soutient directement le combat déjà engagé qu'autant que cela est indispensable, en envoyant le 1ᵉʳ escadron de son régiment de réserve. Mais il lui apporte le concours le plus puissant en faisant marcher les 2ᵉ et 3ᵉ escadrons de ce régiment contre la 2ᵉ ligne de l'ennemi. Ces deux escadrons n'ont pas seulement l'avantage du nombre sur le 4ᵉ escadron de cuirassiers, mais surtout celui de la direction d'attaque. Formés en échelons avec le champ libre devant eux, ils ont toute facilité pour diriger leur attaque sur le flanc des chasseurs comme sur les cuirassiers qui les suivent. Les cuirassiers ne se trouvant pas à la distance de ligne des chasseurs, il leur fut encore possible, du moins à l'escadron de gauche, de se jeter sur les dragons par un mouvement de conversion.

Quant aux forces respectives des combattants, 185 dragons eurent à lutter contre pareil nombre de chasseurs au groupe de l'ouest, lors du premier choc [1]. Puis vinrent, de notre côté, un peloton du 1ᵉʳ escadron, 3 du 2ᵉ et le 3ᵉ escadron du 1ᵉʳ dragons ; du côté de l'ennemi, 2 escadrons de cuirassiers ; soit en somme 500 dragons contre autant de chasseurs et de cuirassiers ; les forces étaient donc égales chez les deux adversaires.

Le succès fut pour la brigade de dragons, parce

---

[1] Un peloton se trouve aux bagages.

qu'elle réussit à repousser, avec une supériorité de forces, la 2ᵉ ligne de l'ennemi.

L'apparition de nouvelles troupes du côté de la route entraîna le général de division à arrêter la poursuite après quelques instants. Une pareille mesure nuisit essentiellement au résultat de la victoire. On ne peut néanmoins que l'approuver, car le général A. ne pouvait distinguer la force des nouveaux assaillants et il n'avait plus pour le moment sous la main que 6 escadrons de toute sa division. Si ceux-ci se trouvaient insuffisants pour supporter le choc de la cavalerie fraîche de l'ennemi, le succès remporté pouvait se transformer en une déroute complète de toute la division.

C'est un grand talent pour un général de savoir donner le signal du ralliement au moment voulu. Si on le donne trop tôt, on compromet les résultats de la victoire ; s'il sonne trop tard, tout le succès est remis en question. En tout cas, il faut arrêter la poursuite, quand il survient de nouvelles troupes et qu'on ne peut juger si les forces encore disponibles suffiront pour les repousser. Toute cavalerie isolée, qui se trouve aux prises avec l'ennemi et qui a engagé sa dernière réserve, doit avoir soin aussi de s'en former bien vite une nouvelle, en retirant une partie des troupes qui ont déjà combattu.

On ne pourra parer aux dangers que présente le désordre inhérent aux troupes qui poursuivent et remédier aux inconvénients d'une poursuite insuffisante qu'en se faisant une loi de ne l'exécuter qu'avec une partie des troupes engagées. On objectera avec raison que la chose est très difficile dans la pratique; mais si cela est difficile, cela n'est pas impossible. La cavalerie de Frédéric connaissait cette règle, elle s'y exerçait et s'y conformait presque toujours, bien qu'on puisse citer des occasions, comme celle qui se présenta à la bataille de Prague, où la poursuite fut exécutée par toute la masse. En tout cas, c'est le moment le plus dangereux et le plus difficile d'un combat de cavalerie contre cavalerie. Il ne reste qu'à donner le signal du ralliement quand on voit l'ennemi plier et à lancer à sa suite une partie des troupes, si on ne les a déjà désignées d'avance. Il est évident qu'on ne peut espérer que l'appel ramènera immédiatement tous les cavaliers à leurs escadrons; peu importe, si l'on se forme aussi vite que possible un nouveau noyau solide que l'on garde sous la main et si la poursuite ne s'arrête pas trop tôt.

Si l'on avait agi ainsi dans le cas actuel, il est probable que les chasseurs et les cuirassiers auraient été anéantis près du ravin encaissé de Reimerswiller.

Le nouveau régiment de cuirassiers qui arrivait du côté de la route aurait bien pu, selon nous, dégager avec succès les chasseurs et les cuirassiers poursuivis. Son apparition seule et le feu de la batterie qui l'accompagnait suffirent même, comme nous venons de le voir, pour faire sonner le ralliement chez l'adversaire. Les vainqueurs qui les poursuivaient sur Reimerswiller se seraient probablement arrêtés plus tôt, peut-être même auraient-ils fait demi-tour, si 2 ou 3 escadrons avaient débouché de la route et les avaient pris en flanc. La batterie, couverte sur ses flancs par des pentes escarpées, et favorisée par la nature du terrain qui se prêtait admirablement au feu de l'artillerie, aurait pu alors empêcher pendant un certain temps la brigade de grosse cavalerie d'entrer en ligne.

Le général de division, voyant la brigade de dragons ralliée, ne perd pas un instant pour tâcher de refouler l'adversaire ; l'ensemble de la situation l'exigeait. Il fait marcher maintenant la brigade de grosse cavalerie et retient la brigade de dragons en réserve, en la faisant suivre en échelon sur la gauche ; ces dispositions étaient la conséquence de la position actuelle des troupes et de la retraite d'une partie des forces de l'ennemi par Reimerswiller.

Quant à la 2e batterie à cheval, qui se trouve à la colonne de droite de la 1re division de cavalerie, on ne peut qu'approuver la position qu'elle a prise de l'autre côté du vallon de Soultz ; pendant que les régiments se portent au delà, elle était là en mesure de couvrir leur retraite. Si elle les avait suivis et qu'elle eût été surprise sur le plateau au sud de Soultz par les obus de l'adversaire, elle aurait pu être fort compromise, sans pouvoir être d'aucune utilité à sa cavalerie.

Il faut ajouter cependant que la position à

prendre ne devait pas seulement lui permettre de
couvrir la retraite de la division en cas d'échec,
une fois que celle-ci aurait gagné le plateau,
mais encore de soutenir directement les régiments
qui s'y trouvaient et principalement de les protéger contre les réserves de l'adversaire. On ne
pouvait satisfaire à cette double exigence que si
cette masse de cavalerie eût eu une deuxième
batterie à sa disposition. On n'avait qu'une seule
batterie et de la position où elle se trouvait, au
nord de Soultz, elle ne pouvait voir ce qui se passait
sur le plateau ; on se vit donc obligé de la faire
venir et elle arriva trop tard pour pouvoir
atteindre les dernières troupes de soutien de l'ennemi, déjà à une grande distance.

Contrairement au principe admis dans le combat d'infanterie, de ne pas donner de soutien particulier aux batteries pendant le combat, on a essayé d'indiquer dans l'exposé des faits qu'un
soutien de cette nature est indispensable dans des
combats de cavalerie. Le champ de bataille peut
être complétement inondé par l'adversaire et si
l'artillerie à cheval n'a pas près d'elle des détachements particuliers destinés à la soutenir, elle sera
souvent exposée à ne voir à sa proximité aucune
troupe pour la couvrir ; cela tient à l'essence
même du combat de cavalerie.

Si nous résumons le résultat de nos considérations sur le combat de Soultz, nous pourrons en
conclure les principes suivants et en faire la base
des prescriptions réglementaires :

La formation sur 3 lignes est la meilleure formation pour le combat de grandes masses de cavalerie, sans préjudice toutefois de la subdivision de ces lignes.

Quand on ne peut juger complétement la force de l'adversaire, il est bon de faire procéder la 1ʳᵉ ligne par quelques détachements, dans certaines circonstances même, par quelques escadrons.

Toute ligne qui marche à l'attaque doit avoir ses ailes couvertes par des détachements qui la suivront en arrière. Si elle n'a pas ses ailes appuyées à d'autres corps de troupes, elle doit les couvrir avec ses propres forces.

Outre les éclaireurs qui vont en avant sonder l'ennemi et explorer le terrain, on détachera toujours des patrouilles de combat sur les flancs des lignes.

Les escadrons qui sont en première ligne resteront aussi longtemps que possible en colonnes.

Les lignes suivantes ont une double mission à remplir : elles doivent soutenir directement les troupes engagées en 1ʳᵉ ligne et les protéger contre l'arrivée des lignes suivantes de l'ennemi.

Il convient souvent de faire suivre directement la 1ʳᵉ ligne par les 2ᵉˢ jusqu'au moment où la 1ʳᵉ marche à l'attaque, surtout quand on peut par ce moyen empêcher l'ennemi de distinguer exactement nos forces. Mais, en tout cas, il faut déployer la 2ᵉ ligne vers la droite ou vers la gauche, au plus tard quand on désigne son objectif à la 1ʳᵉ.

Quand on est arrivé dans la zone d'attaque, la

formation en ligne de colonnes à intervalles de déploiement est à recommander pour les escadrons qui suivent immédiatement la 1ʳᵉ ligne ainsi que pour la 2ᵉ ligne, quand on a l'espace nécessaire. Pour les lignes suivantes, surtout avant qu'elles n'aient déjà appuyé à droite ou à gauche, il vaut mieux les masser en ligne de colonnes.

Le soutien à fournir directement à une ligne marchant à l'attaque n'exigera dès le début que relativement peu de forces, puisqu'il n'a pour but que de combler les vides qui peuvent se produire, ou de repousser les groupes qui auraient traversé la ligne au moment du choc.

Si l'on y consacrait des forces égales ou à peu près égales à celles qui sont déjà aux prises, on n'arriverait qu'à refouler la masse des combattants du côté de l'ennemi.

Mais, d'un autre côté, il ne faut pas perdre de vue que, si la 2ᵉ ligne ne s'engage qu'après que la 1ʳᵉ a déjà été repoussée, elle peut être facilement entraînée par toute la masse et forcée aussi à faire demi-tour.

Il est donc préférable, quand on a l'espace nécessaire, qu'après le choc de la 1ʳᵉ ligne, la 2ᵉ ne se trouve pas immédiatement derrière elle, mais sur le côté. Si le terrain ne le permet pas, il faut se résoudre à la faire suivre d'assez près la 1ʳᵉ, à 3 ou 500 pas, de manière à pouvoir s'engager aussitôt qu'on s'aperçoit que le combat menace de se porter sur les flancs.

Si la 2ᵉ ligne se trouve sur le côté, son rôle

est d'abord d'empêcher la première d'être débordée. Toutefois, on ne portera au galop en 1re ligne, pendant la marche, que le nombre d'escadrons absolument nécessaires à cet effet.

Le reste de la 2e ligne aura à s'opposer à l'entrée en ligne de la 2e de l'ennemi en allant à sa rencontre; mais pour cela, il sera souvent utile et même indispensable de manœuvrer [1].

Si l'on n'aperçoit pas immédiatement de soutiens chez l'adversaire, il sera bon d'arrêter un instant notre deuxième ligne, jusqu'à ce qu'on ait la certitude qu'on n'a pas à craindre l'arrivée de nouvelles troupes avant un certain temps.

Dans le cas contraire, ou si l'on a constaté l'approche de nouvelles forces ennemies et que les nôtres soient paralysées par d'autres (d'une 3e ligne), il serait le plus souvent imprudent d'engager tous les escadrons de notre deuxième ligne dans la mêlée. Il vaut mieux encore agir ici avec une certaine économie des forces. Ainsi il suffira généralement de deux escadrons frais, souvent même d'un seul, pour décider le combat encore indécis d'un régiment.

Il est évident que plus on engagera de forces, plus vite le combat se décidera, mais le désordre n'épargnera pas plus le vainqueur que le vaincu et on ne peut certainement deviner au début d'un

---

[1] Nous examinerons plus en détails, dans un autre combat de cavalerie, les manœuvres à exécuter par la 1re ligne pendant l'attaque.

combat les éventualités qui surgiront quelques minutes plus tard et exigeront le concours de nouvelles forces. On doit donc les ménager autant que possible.

Il faut donner la plus grande attention au point où l'on doit engager les troupes de soutien. Il ne faut pas oublier que la direction où va s'opérer un choc suffisamment fort fera refluer toute la masse combattante du côté opposé et qu'il n'est pas toujours avantageux de refouler la cavalerie ennemie sur le reste de nos troupes.

Quant à la 3e ligne, elle forme la réserve proprement dite et reste dans la main du général de division : elle doit donc se tenir prête à soutenir la première. Il faut aussi se garder de l'engager trop tôt et avoir soin de l'arrêter quelques instants, dès que la première est aux prises ; cette précautiou s'imposera plus souvent encore que pour la 2e ligne.

On verra d'après la tournure que prendra le combat, s'il faut engager cette réserve tout entière ou seulement quelques escadrons pour repousser les troupes de l'adversaire qui auraient traversé nos 1res lignes ou forcé une partie des nôtres à faire demi-tour.

Dans d'autres circonstances, on pourra employer cette réserve à couvrir les flancs de la 1re ligne ou à appuyer directement une des ailes ; on se verra aussi quelquefois forcé de tourner les masses engagées dans la mêlée et même d'agir sur leurs flancs ou de se porter à la rencontre des nouveaux soutiens que l'adversaire menace de porter en ligne.

La poursuite doit toujours s'étendre aussi loin que possible, mais les troupes qui l'exécutent doivent avoir en arrière une réserve compacte prête à les soutenir. Si l'on se voit forcé d'engager cette réserve, il est indispensable de rallier ceux qui poursuivent pour en former le plus rapidement possible une nouvelle réserve.

Dans un combat isolé de cavalerie, il faut donner un soutien particulier aux batteries.

L'artillerie se placera de manière à avoir son champ d'attaque à hauteur de la 1re ligne, sur les flancs autant que possible et assez loin pour ne pas gêner les mouvements de la cavalerie. Quand la 1re ligne marche à l'attaque et que la batterie ne peut plus avoir d'action sur la 1re ligne de l'adversaire, elle doit prendre une position sur les flancs de manière à battre la 2e ligne et les réserves de l'ennemi.

Elle ne prendra de position uniquement destinée à recueillir la cavalerie que lorsqu'elle ne pourra exercer aucun effet en première ligne, à moins toutefois qu'il ne s'agisse d'un mouvement général de retraite.

Les principes que nous venons d'exposer ont été en général suivis, à quelques nuances près, dans le combat de Soultz. Pour s'y conformer entièrement, la marche des deux brigades (14 escadrons moins 2 pelotons) aurait dû se faire de la manière suivante :

4ᵉ pel. ▉

4ᵉ pel. ▉

3ᵉ esc. ▉

2ᵉ esc. ▉

150 pas.

1ᵉʳ esc.

2ᵉ dragons.

300 pas.

1   2   3

75 pas.

4

1ᵉʳ dragons.

300 pas.

1ᵉʳ uhlans.   1ᵉʳ cuirassiers.

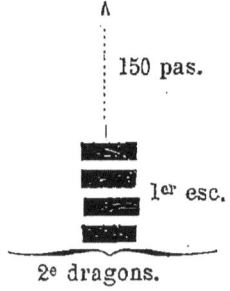

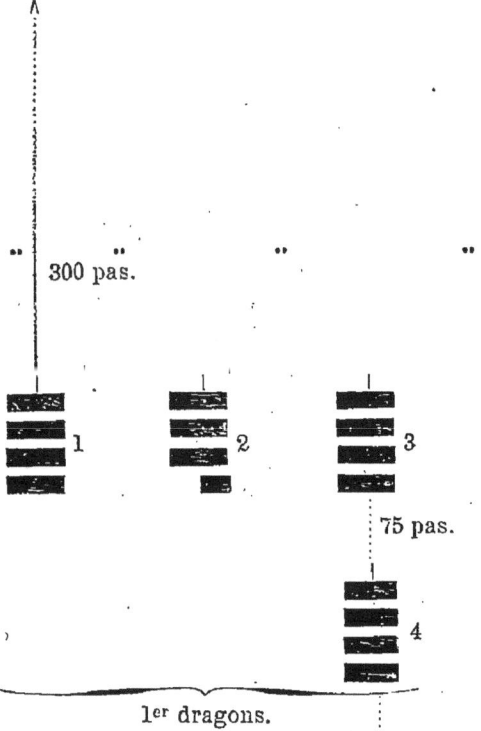

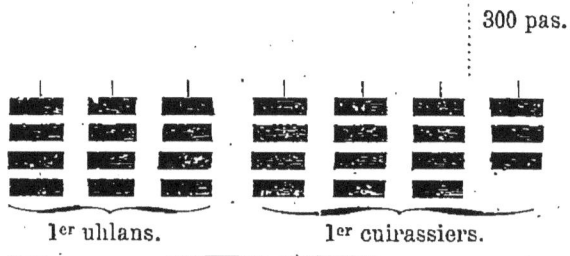

Brigade de grosse cavalerie.

Les 3 pelotons du 1ᵉʳ escadron de cuirassiers sont destinés à servir de soutien de la batterie qui se trouve en arrière, si elle en a besoin.

Nous ajouterons quelques remarques particulières :

Le 2ᵉ dragons forme la 1ʳᵉ ligne, son 1ᵉʳ escadron soutient directement les deux autres ; s'il avait eu là son 4ᵉ escadron, sa place eût été en 1ʳᵉ ligne ou en avant dans les circonstances particulières où l'on se trouvait.

Le 1ᵉʳ dragons suit en 2ᵉ ligne en échelon sur la droite. Comme on ne peut voir, pendant qu'on gravit la hauteur, si le flanc droit de la 1ʳᵉ ligne sera menacé, on peut avec ce régiment sous la main parer à tous les cas qui peuvent se présenter. Il est en mesure de porter un ou plusieurs escadrons à hauteur de la 1ʳᵉ ligne, s'il devient nécessaire de la prolonger. Il garde aussi un escadron en 2ᵉ ligne, parce que les escadrons qui se trouvent en 1ʳᵉ ligne peuvent être forcés de prendre diverses directions, soit en avant pour soutenir directement le 2ᵉ dragons, soit vers la droite [1]. Cet escadron suit en arrière de l'aile droite, pour être plus à portée de renforcer au besoin ou de prolonger la 1ʳᵉ ligne et de parer en même temps à une attaque de flanc.

---

[1] Si l'on croit nécessaire de disposer aussi la 1ʳᵉ ligne de cette manière, ce serait une inconséquence de ne pas agir de même avec toute troupe *qui marche immédiatement à l'ennemi*. Cela n'est pas nécessaire, tant que ce moment n'est pas arrivé.

La brigade de grosse cavalerie se trouve en 3° ligne derrière le 1er dragons, afin de pouvoir soutenir au besoin l'un ou l'autre des deux régiments de dragons et être en même temps prête à se porter en avant pour déborder l'aile qui n'est pas couverte par le terrain.

La formation que nous venons d'indiquer n'est basée que sur les circonstances particulières où se trouve ici la division de cavalerie; elle avait son aile gauche appuyée à un ravin et n'avait, par conséquent, à craindre que pour son aile droite, et ensuite, elle marchait à la rencontre d'un ennemi dont elle ne pouvait connaître ni la force ni la position.

Dans d'autres circonstances, on se verra forcé de modifier les bases réglementaires que nous avons développées. Nous nous réservons de revenir sur ce sujet dans la suite de ces études et surtout d'examiner en détail s'il vaut mieux mettre les deux brigades de tête en ligne ou les disposer par brigades accolées, question capitale, quand l'une des ailes ne s'appuie pas à un accident de terrain.

ÉVÉNEMENTS ENTRE 8 ET 10 HEURES DU MATIN.

Nous avons laissé le général A. au moment où il se rendait au défilé du Gras-Wald pour reconnaître le terrain et la situation. En avant de lui,

à l'est de la route, s'élevaient les pentes escarpées
qui bornaient le bassin de Reimerswiller ; au delà,
le terrain se prolongeait parallèlement à la chaussée,
droit vers le sud, suivant une arête étroite qui
allait se terminer brusquement sur la forêt de
Haguenau, tandis que vers le Sud-Ouest il descen-
dait en pente douce, pendant une demi-lieue, jusqu'au village de Schaabwiller. Dans le lointain,
la forêt de Haguenau s'étendait à perte de vue.
Un escadron de dragons se portait au trot vers
Reimerswiller ; on apercevait aussi, au sud-ouest
du village, une petite masse de cavalerie qu'on
pouvait facilement reconnaître pour un escadron
de uhlans ; ce devait être le 1er escadron qui s'était
porté en avant par Hohwiller ou le 3e qui avait
débouché des environs de Rittershofen au bruit
du canon. On distinguait encore une grande masse
de cavalerie qui trottait dans la plaine à l'ouest
de Schaabwiller ; c'étaient probablement les escadrons ennemis qui s'étaient retirés par Reimerswiller.

Au Sud-Ouest, la route, après avoir quitté
l'étranglement du Graswald, longeait à l'est le
bord d'un petit plateau et disparaissait ensuite
dans Sourbourg. Le plateau sur lequel est bâti le
village, s'élevait progressivement vers le sud et
paraissait ensuite se terminer brusquement vers
la forêt de Haguenau, à en juger du moins par
l'arête tranchante du village que l'on apercevait
du point d'observation du général. Au nord du
village, une batterie ennemie était en position,

et à proximité se trouvaient deux escadrons de cuirassiers.

Il était évident, au premier coup d'œil, que l'on ne pouvait franchir le défilé de Graswald sous le feu de cette artillerie. Si donc l'on ne voulait pas attendre le résultat, en tout cas fort douteux, du combat d'artillerie qui venait précisément de s'engager, on se voyait naturellement forcé de tourner la position par Reimerswiller. On pouvait employer à ce mouvement la brigade de dragons la plus à portée, et l'ordre en fut donné au général C.

Pour assurer l'opération, il était indispensable de rester maître de la grande route; vu la nature du terrain, la batterie et le régiment de cuirassiers suffisaient complétement pour le moment pour la garder, et l'on pourrait, par conséquent, faire appuyer la brigade de dragons par les escadrons de uhlans. Le général croyait toutefois que l'ennemi ne s'exposerait pas à compromettre sa retraite en se maintenant sur le plateau de Sourbourg. Il était évident, d'ailleurs, que s'il n'avait pas eu l'intention de l'évacuer, les escadrons qui se retiraient par Reimerswiller se seraient remis face en tête de l'autre côté du village.

Le général de division fut bientôt confirmé dans ses idées par le rapport verbal de l'officier de cuirassiers qui avait été chargé d'observer la droite de l'adversaire. D'après ce que cet officier avait pu voir, les escadrons ennemis continuaient leur retraite et semblaient se diriger sur le débouché de la route dans la forêt de Haguenau. Le 1er escadron de uhlans était arrivé au sud de Reimerswiller et allait continuer à surveiller l'adversaire dans sa retraite et reconnaître les abords de la forêt par Schaabwiller, Ober-Betschdorf et Nieder-Betschdorf. Il était 8 heures. Pendant que cet officier lui faisait son rapport, quelques coups de canon partirent du côté de Schaabwiller ; ils étaient évidemment dirigés sur l'escadron de uhlans, car on vit les obus éclater dans son voisinage et l'escadron appuyer aussitôt au trot vers l'est. La batterie de Sourbourg ouvrit son feu presque en même temps et se retira avec les cuirassiers par la grande route.

Le défilé de Graswald se trouvant ainsi dégagé, le 2e escadron de cuirassiers défila aussitôt par la grande route; le reste de la brigade (2 escadrons de cuirassiers et 2 de uhlans) suivit le mouvement.

Le général A. renonça cependant à l'exécution de son projet et envoya une ordonnance pour arrêter le mouvement de la brigade de dragons. La brigade était encore à quelque distance de Reimerswiller lorsque cet ordre lui arriva. Il n'y avait guère plus d'une demi-lieue du Graswald et de Reimerswiller à la forêt; il était à peu près certain que la nature du terrain ne permettrait plus à l'ennemi de faire de résistance dans l'espace resserré entre le pied des hauteurs et la forêt. A voir le mouvement rétrograde qu'il exécutait, on pouvait donc conclure qu'il cherchait à s'abriter dans la forêt, et l'avance qu'il avait le mettait hors de tout danger. L'artillerie seule pouvait l'inquiéter, s'il ne se pressait pas d'opérer sa retraite.

La situation générale n'était pas encore suffisamment éclaircie pour s'aventurer à sa poursuite dans la forêt avec toutes ses forces.

L'escadron de uhlans qui se trouvait sur la route de Rittershoffen à Forstfeld et les patrouilles envoyées sur la route de Woerth n'avaient pas encore envoyé de renseignements assez complets. Si la division pénétrait imprudemment dans la forêt, l'ennemi pourrait surgir de l'une ou l'autre de ces directions et compromettre notre retraite. Le canon de Schaabwiller indiquait, du reste, qu'on se trouvait en contact avec de nouvelles forces de l'adversaire. Il était donc probable que les principales routes qui conduisent dans la forêt étaient occupées par son avant-garde ou par des troupes chargées de recueillir sa cavalerie.

8 h. 2 m. A la suite de ces considérations, le général A. donna les ordres suivants :

« 1° La batterie et son escadron de soutien se porteront jusqu'à Sourbourg par le défilé de Graswald ; là, elle prendra position et canonnera les colonnes qui se retirent.

2° Le gros de la brigade de grosse cavalerie restera en arrière du défilé sans perdre le contact avec l'adversaire en retraite, et reconnaîtra les passages du ruisseau qui

longe la forêt de Haguenau, des deux côtés
de la route, en poussant à l'ouest jusqu'au
chemin de fer.

3° Le 4e escadron du 2e dragons, qui
s'avance le long du chemin de fer avec
trois pelotons, reconnaîtra la lisière de la
forêt depuis le chemin de fer jusqu'à
Biblisheim et éclairera le Niederwald qui
se trouve sur son flanc droit ainsi que le
terrain au delà de ce bois. Il se reliera avec
le peloton détaché sur la route de Woerth.

4e La brigade de dragons ne dépassera
pas le ravin de Reimerswiller; elle fera
reconnaître par des détachements la lisière
de la forêt au sud des villages. Le 1er escadron de uhlans, qui est détaché de ce
côté, passera sous les ordres de cette brigade. Elle se tiendra en communication
avec le 3e escadron de uhlans qui se trouve
aux environs de Rittershoffen. »

8 h. 6 m. Le général de division donna lui-
même à la batterie les ordres qui la concernaient
ainsi qu'au général de la brigade de grosse cavalerie, en ce moment près de lui. Un aide de camp
fut envoyé à la brigade de dragons et un officier
d'ordonnance au 4e escadron du 2e dragons.

Le général A. se dirigea ensuite sur Sourbourg
par le défilé de Graswald. Au moment de partir,
un sous-officier du 3e escadron arriva avec six

uhlans qui l'escortaient et lui remit la dépêche suivante :

2e avis du 3e escadron   Hauteur au nord de Hatten,
du 1er uhlans.   1er août — 7 h. 30 m. du matin.

Le peloton de hussards ennemis s'est retiré par la route au delà de Hatten. L'entrée de la route dans la forêt de Haguenau est occupée par de l'infanterie. L'escadron restera jusqu'à nouvel ordre à Hatten.

Le capitaine, F.

On fut assez surpris de voir porter le n° 2 à l'avis de cet escadron dont on n'avait encore rien reçu. Au dire du sous-officier, un premier avis aurait été envoyé à 7 h., pour annoncer l'arrivée de l'escadron à Rittershoffen et prévenir qu'il ne voyait que des patrouilles de cavalerie ennemie devant lui et qu'il avait envoyé une patrouille vers l'est, où l'on avait entendu le canon.

A en juger d'après ce qui s'était passé depuis le départ de la dépêche, il était probable que le messager était tombé au milieu de la cavalerie ennemie qui se repliait par Hohwiller.

On remit au sous-officier la dépêche suivante, en l'invitant en même temps à passer à la brigade de dragons pour informer le général des événements survenus à son escadron :

1re div. de cavalerie.   Hauteur ouest de Reimerswiller,
1er août — 8 h. 8 m. du matin.

L'escadron restera dans sa position et

continuera à observer l'ennemi. Il se retirera sur Hoffen, s'il y a lieu. La brigade
de dragons est à Reimerswiller, le 1er escadron de uhlans éclaire le terrain au sud du
village; se tenir en communication avec
ces troupes.

Par ordre :

Le capitaine aide de camp, P.

Pendant qu'on écrivait cette dépêche, il en était
arrivé une autre, apportée par un sous-officier du
1er escadron de uhlans :

« Des troupes d'infanterie occupent la lisière
« de la forêt en face d'Ober-Betschdorf de Nieder-
« Betschdorf, quelques patrouilles de cavalerie
« circulent encore en dehors de la forêt. Une bat-
« terie est en position au sud de ces villages et a
« tiré quelques coups sur l'escadron. »

Le sous-officier fut chargé de communiquer ces
renseignements au général commandant la brigade de dragons et de dire en même temps à son
capitaine de se mettre provisoirement sous les
ordres de cet officier général.

A 8 h. 10 m., le général de division se rendit
à Sourbourg, où il arriva à 8 h. 17 m. Le 2e escadron de cuirassiers avait fouillé le village et
poussé des flanqueurs en observation dans les jardins au pied de la hauteur; il avait aussi envoyé
quelques patrouilles vers l'ouest. L'escadron se
tenait à l'ouest de la route à l'entrée du village.

La batterie avait pris position sur un saillant du plateau à l'est de la route; en arrière, se trouvait son escadron de soutien (1er escadron de cuirassiers). La batterie était arrivée trop tard pour inquiéter sérieusement la retraite de l'adversaire. Elle ne put qu'envoyer quelques obus sur la queue de sa cavalerie qui disparaissait alors dans la forêt. Deux batteries ennemies en position dans un rentrant de la forêt, à l'ouest de la route, ouvrirent aussitôt leur feu à la distance de 2,000 pas. Le pont du ruisseau était fortement occupé par des tirailleurs, soutenus en arrière par des groupes d'infanterie embusqués à la lisière.

Le général de division, qui s'était avancé par les jardins jusqu'à la sortie de Sourbourg, ne voyant aucun résultat à obtenir en continuant ce combat d'artillerie, ordonna à la batterie de cesser son feu et la fit reporter un peu en arrière.

L'adversaire arrêta son feu de son côté, mais en laissant ses batteries en position.

Le général reconnut que la lisière de la forêt en face de lui était fortement occupée par une ligne épaisse de tirailleurs qui s'étendait à 1,000 pas de chaque côté de la route. Un gros détachement, deux compagnies environ, se tenait près de la route au point où la forêt s'éloignait un peu en arrière; là se trouvait également un groupe de cavaliers, où arrivaient et d'où partaient sans cesse des cavaliers isolés. Il y avait en général beaucoup de mouvement chez l'adversaire; sur quelques points, l'on voyait de petits soutiens entrer en ligne avec les tirailleurs et l'on apercevait aussi une petite colonne qui se dirigeait vers l'ouest en longeant la forêt.

Il était hors de doute que l'on se trouvait en contact avec l'infanterie ennemie et, en présence des forces que montrait l'adversaire, de la disposition du terrain qui lui était très favorable et de sa supériorité en artillerie, il n'y avait pas à songer à le faire attaquer par des dragons à pied.

Il n'était donc plus possible de pénétrer dans cette épaisse forêt dont les massifs se perdaient à l'horizon. En outre, on savait déjà qu'à l'est, les issues les plus rapprochées étaient occupées par de l'infanterie.

Pendant que le général continuait ses observations, il reçut à 8 h. 28 m., un avis du 3ᵉ escadron de uhlans qui lui annonçait « la prise de Nieder-Roderen par la brigade de hussards. En face de Hatten, cependant, ajoutait la dépêche, l'ennemi tient encore fortement le débouché de la route dans la forêt ; il paraît y avoir là une à deux compagnies. »

Bientôt après, à 8 h. 38 m., arriva aussi l'officier de cuirassiers qui avait été envoyé, deux heures auparavant, à la brigade de hussards. Il avait quitté Nieder-Roderen à 7 h. 38 m. et avait pris le galop à partir de Reimerswiller. Le général de brigade D. l'avait chargé de porter le troisième avis de la brigade de hussards, ainsi conçu : « Le général a fait enlever à 7 h. 15 m., par des hussards à pied, le village de Nieder-Roderen qui était défendu par une compagnie de chasseurs. L'ennemi est en retraite sur Forstfeld ; nos pertes sont considérables. Un escadron de hussards s'est mis en communication avec la cavalerie du 11ᵉ corps, qui s'est portée en avant par la grande route et a pris position devant Schaafhausen, en face de l'entrée de la route dans le Niederwald. Ces deux points sont faiblement occupés par de l'infanterie ; la batterie est arrivée et va les faire évacuer. On se tiendra en contact avec l'adversaire en retraite ; on est en communication avec le 3ᵉ escadron de uhlans à Hatten. »

Le chef d'état-major fit remarquer au général de division que depuis 5 minutes environ, on entendait de nouveau le canon à une grande distance vers l'est. D'après la nouvelle qu'on venait de recevoir, on crut qu'il y avait un engagement à Schaafhausen. Le général, sentant le besoin d'examiner avec calme toute la situation, retourna en conséquence au défilé de Graswald, après avoir recommandé instamment au commandant du 2ᵉ escadron de cuirassiers de l'informer immédiatement du moindre changement qui surviendrait chez l'adversaire. Il était 8 h. 45 m.

A son arrivée, il envoya un télégramme au grand quartier général pour l'informer de la victoire de Soultz. Il lui fit connaître en même temps que la division avait atteint la forêt de Haguenau, en face de Sourbourg et de Hatten, et se trouvait en contact avec l'infanterie ennemie, que la brigade de hussards s'était emparée de Nieder-Roderen qui était défendu par de l'infanterie, et enfin que le bois de Seltz était encore occupé par de l'infanterie.

On avait reçu, sur ces entrefaites, plusieurs dépêches de la brigade de dragons et du 4ᵉ escadron du 2ᵉ dragons. Le résultat de ces dépêches était le suivant :

1° Il pouvait y avoir un bataillon et une batterie à la lisière de la forêt en face de Schabwiller et d'Ober-Betschdorf;

2° L'entrée du chemin de fer dans la forêt, ainsi que Biblisheim, étaient également occupés par de l'infanterie;

3° Les patrouilles de dragons avaient reconnu le Niederwald au nord de Biblisheim et n'avaient rien aperçu.

Une patrouille de uhlans avait cependant apporté, à 9 heures, une nouvelle plus importante :

3ᵉ avis du 3ᵉ escad. Sur la route à 1,000 pas au S.-E. de Hatten, du 1ᵉʳ uhlans. 1ᵉʳ août 1870 — 8 h. du matin.

L'ennemi vient d'évacuer la lisière de la forêt au sud-est de Hatten, probablement par suite de la prise de Nieder-Roderen par la brigade de hussards et se retire sur la route de Forstfeld. Il avait environ une compagnie de chasseurs et 40 hussards. L'escadron reste à la lisière de la forêt et se tient en contact avec l'adversaire avec ses patrouilles.

Le capitaine, X.

8

On remit la dépêche suivante au sous-officier de uhlans :

> « La lisière de la forêt en face de la division est fortement occupée de chaque côté de la route de Soultz à Haguenau ; l'escadron enverra ses éclaireurs à l'ouest de la route de Hatten à Forstfeld pour reconnaître cette région et s'assurer jusqu'où l'ennemi s'étend de ce côté. »

On ne pouvait dès lors plus douter de l'importance que l'ennemi attachait à l'occupation de la route de Soultz à Haguenau.

La colonne de droite de la division avait vu devant elle 3 régiments de cavalerie qui, d'après ce qu'on savait de l'ordre de bataille de l'adversaire, appartenaient à la division de cavalerie du 1er corps d'armée ; les hussards qu'on avait rencontrés à Hatten, à Nieder-Roderen et devant Soultz faisaient probablement partie aussi de la même division. Les chasseurs à cheval signalés la veille du côté de Lauterbourg n'avaient été aperçus qu'à une certaine distance, qui n'avait probablement pas permis de bien distinguer leur uniforme et n'étaient autres, sans doute, que les hussards dont la présence avait été constatée par la 3e brigade de cavalerie.

Il était donc à supposer que l'ennemi avait poussé dès le début une brigade de cavalerie légère en observation vers la frontière, le 7e chasseurs à Soultz et le 8e hussards à Seltz. Quelques escadrons s'étaient portés plus en avant et avaient lancé, le matin, une partie de leurs forces en reconnaissance vers la Lauter.

L'infanterie qui occupait la lisière de la forêt était destinée à assurer la retraite de cette brigade de cavalerie.

D'après les renseignements servenus jusqu'ici, il était constaté que cette infanterie occupait avec de grandes forces (3 à 4 bataillons et 1 batterie) les deux côtés de la route de Wissembourg à Haguenau. Un petit détachement couvrait la droite de la position de Hatten au Rhin. Le mouvement des chasseurs à pied et des hussards sur Hatten et Nieder-Roderen, leur retraite commune sur Forstfeld, faisaient supposer que ces troupes appartenaient à la même unité organique. On n'avait d'ailleurs signalé à Seltz que très peu d'infanterie. L'ensemble des forces qui se trouvaient devant l'aile gauche de la division pouvait donc s'évaluer, avec quelque raison, à quelques bataillons et quatre escadrons. Le mouvement annoncé sur Schafhausen, dont on entendait le canon de temps à autre, ne tarderait pas à éclaircir ce point.

Si l'on considère en outre que sur la route de Haguenau, les chasseurs à cheval étaient appuyés par une brigade de cavalerie et que cette brigade avait opéré aussi sa retraite sur cette route, on pourra être convaincu que l'adversaire attache le plus grand prix à l'occupation de la route de Wissembourg à Haguenau. Il était donc à peu près

certain que l'ennemi n'avait pas d'abord l'intention
de passer le Rhin, car il aurait certainement renforcé davantage son aile droite.

Le général de division ne pouvait toutefois se
contenter de ce résultat. La division avait été, par
le fait, arrêtée à la forêt de Haguenau par l'infanterie de l'adversaire. Mais, jusqu'alors, on
n'avait rencontré que des avant-gardes, et quant
à la position des masses de l'ennemi, on ne pouvait supposer qu'une chose, c'est qu'elles se trouvaient à Haguenau et vers la route de Haguenau
à Strasbourg, mais on ne le savait pas encore po-
sitivement. Le général crut dès lors de son devoir
do s'on assuror tout d'abord ot d'obsorvor los
mouvements de ces masses.

Il n'y avait pour cela que deux moyens. On
pouvait, après la prise de Nieder-Roderen et
l'évacuation des défilés de Halten et de Seltz, lancer
des éclaireurs au delà de Forstfeld en profitant
du terrain découvert qui se trouve de ce côté. Ou
bien il fallait chercher à tourner l'aile gauche de
l'ennemi pour gagner des vues sur les deux
routes de Haguenau à Wœrth et à Reichshoffen.
(Planche I, 1re partie.)

Toutefois, on n'avait pas assez de forces sous
la main pour exécuter avec succès ce mouvement
sur le flanc gauche de l'ennemi. On savait que
l'on avait devant soi une cavalerie considérable
et que l'adversaire devait probablement avoir en
outre à sa disposition une brigade de trois régiments, dont on ne connaissait pas encore la posi-

tion pour le moment. On se voyait donc obligé de garder la grande route de Haguenau avec de grandes forces afin d'assurer la retraite des troupes employées à l'opération. Des officiers isolés n'auraient pu suffire pour le but que l'on voulait atteindre, puisqu'il y avait de la cavalerie à Biblisheim dont les patrouilles circulaient aux environs. Pour assurer le mouvement, il fallait aussi couvrir la route de Wœrth par où s'était retirée d'ailleurs une partie de la cavalerie de Soultz. On était assez inquiet de n'avoir reçu encore aucune nouvelle des dragons qui y avaient été dirigés, et on craignait que leurs dépêches n'eussent eu le même sort que celle du 3ᵉ escadron de uhlans, qui n'était pas parvenue ; on envoya aussitôt un officier d'ordonnance aux renseignements près du 4ᵉ escadron du 2ᵉ dragons. Il était évident, en tout cas, que pour avoir des vues sur les deux routes qui de Haguenau se dirigent vers le nord-ouest, il fallait porter un détachement assez fort dans la région comprise entre les routes de Wœrth à Soultz et à Haguenau pour appuyer les troupes envoyées en reconnaissance. Plus ce détachement serait fort, plus il serait facile de repousser les patrouilles de l'ennemi en portant quelques escadrons en avant et d'envoyer en reconnaissance au loin des officiers entreprenants et bien montés.

Mais, d'un autre côté, la force à donner à ce détachement était limitée par la nécessité de garder en toutes circonstances la ligne de retraite de la division. La position qui s'étend du Graswald à Reimerswiller permettait, avec les deux brigades, de s'opposer à la marche d'une cavalerie supérieure en nombre, mais on ne pouvait les affaiblir sans inconvénient. Il fallait un régiment pour fermer le défilé du Graswald, un 2ᵉ pour barrer celui de Reimerswiller ; si l'on ajoute un 3° régiment comme réserve générale, et deux escadrons pour se couvrir près du chemin de fer et sur la route de Forstfeld à Soultz, il restait tout au plus deux escadrons pour exécuter l'opération projetée sur le flanc gauche de l'adversaire.

Il y avait à voir aussi si l'on ne pourrait pas en même temps gagner des vues dans la position de l'ennemi par l'extrême gauche, lorsqu'on se serait emparé de Seltz. Mais en présence des forces que l'adversaire avait devant Sourbourg, il eût été bien imprudent d'aventurer toute la brigade de hussards dans la zone étroite comprise entre la forêt et le Rhin. Il fallait donc là aussi se contenter d'occuper la ligne de Seltz à Nieder-Roderen avec cette brigade, et l'on était réduit à n'envoyer que quelques escadrons au delà pour éclairer la situation de ce côté.

On fut cependant bientôt convaincu par une dépêche du 3ᵉ escadron de uhlans, qui arriva à 9 h. 30 m., qu'il fallait renoncer à toute opération sur le flanc droit de l'ennemi. Cette dépêche, qui portait le n° 4, et avait été expédiée du point où la route s'engage dans la forêt au sud-est de Halten, disait :

« Les chasseurs ennemis continuent len-
« tement leur retraite par la route de
« Forstfeld et se remettent face en tête de
« temps à autre.

« D'un autre côté, l'adversaire s'est
« reporté en avant par la route de Forst-
« feld à Nieder-Roderen et la brigade de
« hussards se trouve vivement engagée
« dans un feu de mousqueterie pour dé-
« fendre ce dernier village, qui est encore
« en ce moment en sa possession.

                    « Le capitaine, X. »

Le sous-officier fut renvoyé au galop à son escadron et chargé de dire à son capitaine « d'observer sans interruption le combat des hussards
et d'informer le général de division de la tournure
que prenait l'engagement. »

Le général A. fit appeler le général commandant la 1re brigade ainsi que le commandant du
régiment de uhlans, auquel il donna les instructions suivantes :

« Nous n'irons pas plus loin en avant, mais
« nous chercherons si l'on peut gagner des vues
« sur la position de l'ennemi en débordant son
« flanc gauche à l'ouest de la forêt de Hague-
« nau. Portez-vous en conséquence avec vos deux
« escadrons dans les environs de Gunstett et
« d'Oberdorf, en passant par le Niederwald que
« vous voyez là à l'ouest ; vous y trouverez
« des patrouilles de dragons ; un peloton de dra-

« gons s'est aussi avancé sur la route de Wœrth,
« mais il n'a encore envoyé aucun renseignement.
« Vous aurez surtout pour mission d'observer la
« route de Haguenau à Wœrth. Vous pousserez
« vos patrouilles dans la direction de Wœrth et
« aussi loin que possible dans la forêt de Hague-
« nau ; si les circonstances le permettent, elles
« observeront aussi la route d'Haguenau à Reichs-
« hoffen. Si l'ennemi marche à nous par Sour-
« bourg, la division cherchera à l'arrêter. Dans
« le cas où nous serions obligés de nous retirer,
« votre retraite pourrait être facilement compro-
« mise, si vous vous arrêtiez trop longtemps.
« Restez donc toujours en communication avec
« l'escadron de dragons qui est au chemin de fer
« et tenez-vous au courant de ce qui se passe ici.

« D'après les renseignements que nous avons
« reçus, Biblisheim est occupé par de l'infanterie ;
« on y a vu aussi quelques patrouilles de cava-
« lerie. »

Le commandant du régiment de uhlans rejoi-
gnit immédiatement ses deux escadrons (2 et 4).
qui se dirigèrent aussitôt au trot vers l'ouest. Il
était 9 h. 54 m.

Depuis longtemps déjà, le canon avait cessé de
se faire entendre vers l'est.

Le général de division prit ensuite les mesures
nécessaires pour concentrer ses forces autant que
possible; il ordonna à la brigade de dragons de
renvoyer le 1er escadron de uhlans à sa brigade
au Graswald et de le faire relever par un de ses

escadrons pour éclairer du côté de Schabwiller et d'Ober-Betschdorf. Il prescrivit ensuite aux deux brigades qui étaient restées pied à terre d'aller faire le fourrage à Sourbourg et Reimerswiller.

Le général resta sur le bord de la route au nord du Graswald. Il ne crut pas devoir déjà donner l'ordre de prendre les bivouacs et d'établir les avant-postes ; l'ennemi était, en effet, trop rapproché et la journée trop peu avancée pour supposer que l'on ne serait pas inquiété.

A 10 heures, les ordres donnés aux deux brigades étaient en pleine exécution.

CONSIDÉRATIONS SUR LES ÉVÉNEMENTS SURVENUS DE 8 A 10 H. DU MATIN.

Dans la période que nous venons de décrire, la division interrompt la poursuite de l'adversaire et se voit arrêtée par la présence de son infanterie.

Du moment que l'ennemi tenait à bonne portée le défilé de Graswald sous le feu de son artillerie, il n'y avait évidemment pas autre chose à faire qu'à essayer de le tourner par le village maintenant évacué de Reimerswiller, pour le décider à la retraite.

Sur ces entrefaites, l'ennemi opère volontairement sa retraite, et, au lieu de le suivre, le général A. se contente de faire porter la batterie et son escadron de soutien jusqu'à Sourbourg. D'une manière générale, il est difficile de l'approuver dans sa conduite. Quand l'ennemi vient à vous et prend l'offensive, il ne serait certainement pas toujours très prudent de tenir vos masses de cavalerie trop rapprochées de ses colonnes; elles ont des éclaireurs en avant d'elles, c'est à eux qu'il appartient de garder le contact; mais l'on ne saurait jamais serrer de trop près un ennemi en retraite, avec les masses elles-mêmes, si l'on veut profiter de toutes les chances qui ne manqueront pas de se présenter en pareille circonstance. C'est le seul moyen de couper les patrouilles ou les détachements qui s'attardent, de mettre à profit les haltes momentanées que les masses déployées sont obligées de faire pour se remettre en colonne au passage des défilés, ainsi que les mille incidents auxquels est exposé l'adversaire par suite des malentendus qui surviennent, des colonnes qui s'égarent, des ponts que l'on trouve rompus, etc.

Dans le cas qui nous occupe, le général de division ne pouvait distinguer de son point d'observation ce qui se passait chez l'adversaire entre Sourbourg et la forêt de Haguenau, mais la carte et ce qu'il voyait devant lui, le défilé de la forêt sur lequel allait être acculé l'adversaire descendu des hauteurs de Sourbourg et de Reimerswiller, devaient suffire pour l'engager à suivre vivement l'ennemi en retraite.

En supposant même qu'en exécutant la poursuite avec toutes ses forces, on n'eût pas obtenu d'autre résultat que celui que pouvait produire la batterie à cheval, ce n'était pas une raison pour s'en dispenser, puisqu'on ne pouvait le prévoir.

La première mission de la cavalerie chargée d'éclairer le front d'une armée est de refouler la cavalerie de l'adversaire sur ses avant-gardes et de se mettre en contact avec son infanterie.

Du moment où le gros de la 1re division de cavalerie arrive devant la forêt de Haguenau et qu'elle en voit la lisière occupée en forces par l'infanterie ennemie, la première partie de son rôle était terminée.

Ainsi que nous l'avons vu en développant les idées du général A., on avait déjà des indications très-importantes sur la position et les intentions de l'ennemi. On pouvait reconnaître qu'il attachait plus d'importance à la route de Wissembourg à Haguenau qu'à la région voisine du Rhin et, par conséquent, il était difficile de croire qu'il songeât à passer le fleuve.

Le général de division ne crut pas pouvoir se contenter de ce résultat et il avait parfaitement raison ; il ne lui restait pas seulement à observer sans relâche les mouvements des troupes qu'on avait rencontrées, mais il fallait encore mettre tout en œuvre pour avoir des renseignements précis sur les masses principales.

Une simple marche de front, comme celle que l'on avait faite jusqu'à présent, ne pouvait plus donner aucun résultat. Les forces de l'ennemi en infanterie et leur position ne permettaient pas d'espérer le moindre succès d'une attaque de front exécutée par des cavaliers à pied.

Il y avait donc toute une nouvelle opération à

faire, si l'on voulait arriver au but que l'on pour-
suivait. La nature de l'opération à exécuter dépendra évidemment de la nature du terrain et de
la situation générale.

Si la cavalerie n'avait pas eu ses mouvements
limités à l'est par le Rhin et à l'ouest par la présence de forces ennemies sur la route de Bitche,
qui reliaient les armées de l'adversaire et ne permettaient pas de pénétrer entre elles, rien n'aurait
empêché la cavalerie de diriger son opération
dans les flancs de l'ennemi qu'elle avait maintenant devant elle. Elle aurait pu ainsi se mettre
en contact avec d'autres troupes et compléter les
renseignements qui lui manquaient sur la position
de l'adversaire.

Dans les circonstances particulières où l'on se
trouvait, le commandant de la division n'avait pas
d'autre parti convenable à prendre qu'à occuper
en forces la grande route de Haguenau à Wissembourg en ne détachant qu'une partie relativement
faible de sa division dans le flanc gauche de l'ennemi. Mais comme ce détachement devait veiller
avec grand soin à sa retraite, qui pouvait être
compromise si la division était repoussée et forcée
elle-même de se retirer, son mouvement ne pouvait
guère être bien étendu. Toujours est-il que sur ce
point était le seul moyen d'atteindre de nouveaux résultats.

Si, en outre, la brigade de hussards parvenait
de son côté à pénétrer dans la forêt, on aurait pu
aussi obtenir là quelques nouvelles indications
sur la situation de l'adversaire.

En ce qui concerne personnellement le général de division, nous ferons remarquer qu'il se porte en avant de sa personne, pour reconnaître l'état des choses par lui-même, qu'il fait cesser le feu de la 2ᵉ batterie à cheval et quitte ensuite la 1ʳᵉ ligne pour retonrner à la brigade de grosse cavalerie.

Voir par soi-même, c'est là une exigence qui s'impose à tout officier général. Mais ce n'est pas une raison pour galoper sans cesse dans la première ligne ; ce ne serait pas le moyen d'y arriver, il est même probable que ses troupes ne tarderaient pas à se trouver bientôt sans direction. C'est donc dans les moments de répit qui surviennent dans les combats et dans le cours des opérations que l'on peut faire avec le plus de succès ces reconnaissances personnelles ; mais il faut avoir soin d'en profiter, car rien, pas même les avis les plus circonstanciés, ne sauraient remplacer l'observation personnelle du terrain et de la position ennemie.

Lors de son engagement avec les deux batteries de l'adversaire, la batterie à cheval avait l'avantage d'avoir une position plus abritée et des vues complètes sur l'ennemi. Dans d'autres circonstances, il eût donc été tout indiqué qu'il fallait continuer le combat pour essayer de repousser l'artillerie opposée et canonner son infanterie ; mais il faut en général éviter ces duels d'artillerie quand on n'en prévoit pas de résultat utile pour la suite.

Nous ne pouvons néanmoins qu'approuver le commandant de la division d'avoir fait cesser le feu de la batterie et de l'avoir retirée en arrière. L'issue du combat d'artillerie ne peut qu'être très douteuse. Dans le cas le plus favorable, on repoussera les troupes les plus avancées de l'adversaire sans pouvoir lui faire évacuer la lisière de la forêt, et on lui fera éprouver quelques pertes; dans le cas le plus défavorable, la seule batterie dont on dispose sera bientôt mise hors de combat et l'adversaire trouvera même peut-être l'occasion de prendre une offensive à laquelle la division n'est pas préparée. Mais en tout cas, on consommera beaucoup de munitions qu'on ne pourra peut-être remplacer à temps. A chaque instant la situation peut changer et exiger les plus grands efforts de la batterie, surtout si l'on est attaqué par de l'infanterie. L'artillerie d'une division isolée, qui ne comprendra comme ici qu'une seule batterie, sera toujours obligée d'être plus avare de son feu que dans n'importe quelle autre circonstance.

Après s'être rendu compte personnellement de la situation des choses, le commandant de la division quitte la première ligne pour pouvoir examiner avec tout le calme nécessaire les nouvelles dispositions à prendre. Il n'est pas toujours facile, dans la réalité, de s'arracher à ses observations, quand on a l'ennemi sous les yeux et qu'on suit avec l'intérêt le plus tendu ce qui se passe chez lui, voire même les mouvements les plus insignifiants.

Néanmoins, on ne saurait trop recommander cette sage précaution, surtout au commandant d'une division de cavalerie. Il ne doit pas seulement embrasser ce qui se passe immédiatement devant lui ; les événements qui surviennent souvent à des distances de plusieurs lieues ont un intérêt tout aussi grand pour lui, et il importe qu'il ne les perde pas de vue. Il arrive continuellement de nouveaux renseignements et en plus grand nombre encore que dans notre étude, où nous n'avons donné que les principaux. On en reçoit de toute espèce, d'importants comme d'insignifiants, d'écrits et de verbaux, qui se croisent les uns les autres et viennent, du reste, de points situés à des distances très différentes. Il en résulte que l'on apprend les événements à une toute autre époque qu'à celle où ils sont arrivés et il faut un examen des plus attentifs pour s'en faire une idée exacte. Si l'on reçoit, par exemple, d'un point très éloigné une dépêche disant que l'ennemi s'est porté en avant et se trouvait, à 8 heures du matin, à tel endroit, on ne sait pas pour cela où il peut être en ce moment, à 10 heures ; il faut donc examiner avec soin où il pourra être arrivé, en supposant qu'il ait continué sa marche.

En outre, ces renseignements ne concernent pas seulement le terrain qu'on a sous les yeux et que l'on peut contrôler, la carte à la main, mais ils sont encore souvent de la plus haute importance pour l'ensemble des opérations, qu'on ne pourra, par conséquent, embrasser qu'en se servant de temps à autre de grandes cartes d'ensemble.

Ajoutons encore que l'on doit rechercher sur la carte le moindre petit endroit d'où vient un avis, qu'il faut souvent longtemps pour le trouver, que quelquefois même il n'est pas indiqué sur la carte. Il convient donc que tous les rapports et avis soient toujours remis au seul et même officier, qui sera chargé de les examiner, de les comparer de manière à pouvoir faire un exposé des événements et le mettre sous les yeux du général. Cette mission revient de préférence au chef d'état-major qui ne doit, pour cette raison, que rarement s'éloigner du gros de la division. Tous les avis doivent passer par ses mains, car, par la position qu'il occupe près du général, il est seul en mesure de les grouper d'une manière convenable et d'en tirer des conclusions utiles. La succession incessante d'une masse considérable d'avis et de rapports peut facilement apporter du trouble dans les idées et vous empêcher de donner toute l'attention voulue aux opérations qui présentent de si grandes difficultés quand elles s'exécutent sur une échelle aussi étendue. C'est une raison impérieuse pour que les officiers généraux ne négligent aucune des occasions qui s'offrent à eux pour réfléchir avec le calme nécessaire.

ÉVÉNEMENTS DE 10 H. DU MATIN A 2 H. 10 M. DE L'APRÈS-MIDI.

Retraite de la division de cavalerie sur Soultz.

Le repos momentané dont jouissait la division de cavalerie, vers 10 heures, ne fut pas de longue durée.

Dès 10 h. 20 m., arrivait déjà l'avis suivant du 2ᵉ escadron de cuirassiers :

1ᵉʳ avis du 2ᵉ escadron du 1ᵉʳ cuirassiers.	Sourbourg, 1ᵉʳ août, 10 h. 15 m. du matin.

Deux compagnies environ d'infanterie débouchent de la forêt entre la route et le chemin de fer et marchent sur Sourbourg.

Le capitaine, P.

Cinq minutes après, 10 h. 25 m., on en recevait un second du même escadron :

2ᵉ avis du 2ᵉ escadron du 1ᵉʳ cuirassiers.	Sourbourg, 1ᵉʳ août, 10 h. 20 m. du matin.

Des colonnes débouchent aussi par la route de Haguenau et marchent sur Sourbourg, précédées de nombreux tirailleurs. Jusqu'à présent, on n'aperçoit encore qu'un bataillon environ, mais d'autres troupes suivent.

Le capitaine, P.

9

Le général de division se rendait en ce moment à la brigade de dragons pour aller faire de là une reconnaissance par Reimerswiller. Il se porta aussitôt au galop vers la hauteur 219, où il rencontra (10 h. 33 m.) l'escadron de cuirassiers qui revenait de Sourbourg au pas, couvert sur ses derrières par des flanqueurs ; déjà de nombreux coups de feu étaient tirés de l'ouest du village sur l'escadron en retraite.

La batterie, escortée par le 1er escadron de uhlans, avait aussitôt été appelée par le commandant de la brigade de grosse cavalerie et était arrivée au défilé en même temps que le général de division. Elle prit aussitôt position, les uhlans occupèrent le Graswald avec leurs tirailleurs (32). Le régiment de cuirassiers, qui se tenait un peu en arrière, fut rapproché du défilé.

Pendant que ces dispositions s'exécutaient, on fut informé par la brigade de dragons que l'ennemi venait d'occuper Schabwiller et Oberbetschdorf avec de l'infanterie ; on y voyait déjà une batterie et un escadron.

Ordre fut donné à la brigade d'observer attentivement l'ennemi pour l'empêcher de déboucher par le ravin de Reimerswiller et de maintenir à Hatten l'escadron de uhlans. En cas de nécessité, cet escadron se retirerait sur Hoffen.

On avait reçu, dans l'intervalle, à 10 h. 32 m., la dépêche suivante du 4e escadron du 2e dragons, datée (10 h. 24 m.) du pont du chemin de fer sur le chemin de Sourbourg à Gunstett.

« Depuis un quart d'heure, des colonnes dé-
« bouchent de la forêt de Haguenau à l'est du
« chemin de fer ainsi que par la route et marchent
« sur Sourbourg. Les premières comprennent en-
« viron 1 batterie et 1 peloton de cavalerie; les
« autres 3 à 4 bataillons et 1 batterie. Les avant-
« gardes ont déjà atteint Sourbourg. L'escadron
« les observe. L'ennemi est encore tranquille à
« Biblisheim. On se tient en communication avec
« le régiment de uhlans qui s'est dirigé vers
« l'ouest.

« Le peloton détaché sur la route de Woerth
« est arrivé à hauteur de Preuschdorf. Il n'a
« devant lui qu'un petit détachement de chas-
« seurs à cheval, qui se retire sur Woerth. »

Il était évident que l'ennemi prenait l'offensive
avec de grandes forces, mais on ne pouvait juger
encore s'il n'avait pour but que de reprendre les
villages de Sourbourg et de Reimerswiller, ou si
son intention était de pousser plus loin. Le général de division résolut donc de ne se retirer
que dans le cas où les mouvements de l'adversaire
l'y obligeraient.

L'ennemi s'était emparé de Sourbourg sur ces
entrefaites; la batterie de la division, qui était
en position près du sommet 219 à cheval sur la
route, entra en action à son tour, quoique sous le
feu sans cesse croissant de l'infanterie de l'adversaire, qui ne se ralentit qu'après que les obus
eurent incendié quelques maisons voisines de
l'église.

D'un autre côté, on reçut avis de la brigade de dragons qu'une grande masse de cuirassiers débouchait de la forêt de Haguenau dans la plaine entre Schabwiller et Oberbetschdorf. Aussitôt après, on apprenait que des colonnes d'infanterie fortes de 1 à 2 bataillons, se dirigeaient de Schabwiller sur Reimerswiller, et que la cavalerie, dont on estimait la force à 3 régiments, prononçait son mouvement à l'est de cette infanterie.

Il était 10 h. 3/4. Le général A. pouvait déjà distinguer des lignes de tirailleurs suivies de petites colonnes sur le plateau au sud de Reimerswiller. Une batterie essayait de se mettre en batterie au nord-est de Sourbourg, en s'appuyant au village, mais elle en fut empêchée par le feu de la batterie à cheval déjà en position; deux pièces seulement parvinrent à tirer, mais elles ne tardèrent pas à se retirer derrière les maisons. Sur la gauche, deux nouvelles batteries s'établirent au nord de Schabwiller et ouvrirent le feu à 2,500 pas sur la batterie à cheval. Heureusement, le terrain où se trouvaient ces batteries était de 25 pieds plus bas que celui où se tenait la division, de sorte que celle-ci put facilement masquer sa présence ainsi que celle de ses pièces, tout en continuant le feu dirigé contre Sourbourg.

A 11 h., la situation était la suivante : à droite, la 2ᵉ batterie à cheval était en position et en pleine activité entre le sommet 219 et le Graswald. Le Graswald était occupé par des hommes à pied du 1ᵉʳ escadron de uhlans ; le reste de l'escadron se tenait en arrière. A 500 pas plus loin, à l'est de la route, le régiment de cuirassiers avait déployé ses quatre escadrons pour ne pas donner trop de prise aux obus qui tombaient çà et là. Le 4ᵉ escadron du 2ᵉ dragons s'était replié sur le chemin de fer à hauteur du Graswald et mis à l'abri derrière une petite hauteur à 900 pas à l'ouest de la voie ferrée.

Sur notre droite, l'ennemi n'ayant pu réussir à porter son artillerie en avant, se tint tranquille et se contenta d'occuper Sourbourg.

Sur notre gauche, l'adversaire avait occupé Reimerswiller, d'où il continuait à tirailler avec les hommes à pied du 1ᵉʳ escadron du 1ᵉʳ dragons, en position sur le plateau qui se trouve au nord. Le reste de la brigade de dragons était formé sur deux lignes à 500 pas en arrière ; le 3ᵉ escadron du 2ᵉ dragons avait occupé Hohwiller et envoyé de là ses patrouilles vers le sud et le sud-est.

Les deux batteries ennemies n'avaient pas quitté la position qu'elles occupaient au sud de Reimerswiller et tiraient sur les points où elles supposaient la division. La cavalerie de l'adversaire était restée au sud-est de Reimerswiller, quelques escadrons seulement s'étaient avancés un peu plus au nord.

Le général de division venait de recevoir sur ces entrefaites deux avis importants.

Le premier venait de la brigade de hussards et faisait connaître « qu'à 8 h. 30 m. l'ennemi, con-

sidérablement renforcé, s'était porté en avant pour
reprendre Nieder-Roderen, mais, qu'après un
combat assez violent, les trois escadrons du 1er hussards avaient réussi cependant à s'y maintenir
avec le concours de la batterie. A 9 h. 1/4, l'adversaire avait opéré sa retraite sur Forstfeld; il
avait déjà évacué Seltz à 8 heures, et la ville avait
été occupée par la cavalerie du 11e corps. On se
tenait en contact avec lui sur les deux points. »

Le deuxième, daté de 10 h. 45 m., venait du
2e escadron du 2e dragons et disait qu'en dehors
des colonnes déjà signalées, aucune troupe n'avait
débouché de la forêt de Haguenau.

Le général de division n'avait pas le temps de
réfléchir, il fallait prendre promptement une résolution. Il n'y avait pas d'autre parti à prendre
qu'à s'opposer au mouvement de l'ennemi ou à
se retirer. Il se décida pour le premier parti, mais
il crut à cet effet devoir concentrer ses forces, en
rappelant tous les détachements que permettaient
les circonstances. Le 4e escadron du 2e dragons
était déjà relié avec la droite de la division. Le
3e escadron de uhlans allait probablement arriver
à Hoffen et pourrait être facilement rappelé; il
ne restait plus qu'à s'occuper des deux escadrons
de uhlans détachés et de la brigade de hussards.
Ordre fut envoyé aux premiers de se replier par
Merschwiller sur Feldbach. Quant à la brigade
de hussards, il eût certainement été très agréable
au général A. de l'avoir en ce moment sous la
main. Mais, en supposant même qu'on lui envoyât

des ordres immédiatement, il était difficile qu'elle pût arriver avant 2 ou 3 heures ; il serait probablement trop tard et, du reste, une pareille mesure obligerait à renoncer complétement à éclairer l'est du champ de bataille. Cette brigade avait déjà fait un pas important de ce côté, mais cependant encore bien insuffisant pour définir l'ensemble de la situation. Le général préféra donc la laisser encore à l'aile gauche.

En raison de la probabilité d'une nouvelle attaque de l'ennemi, le détachement sanitaire qui se trouvait à Soultz fut invité à diriger tous les blessés transportables sur Wissembourg, et ordre fut donné aux convois de se tenir prêts à marcher, mais de ne pas dépasser Riedseltz sans de nouveaux ordres.

Ces mesures étaient loin d'être superflues, car il était à peine 11 heures que l'ennemi dessinait une attaque sérieuse sur la gauche. Des lignes de tirailleurs débouchèrent de Reimerswiller et couronnèrent le bord du plateau qui fait face au village et qui était défendu par 80 dragons à pied environ du 1er escadron du 1er régiment. La position de ces dragons était des plus favorables ; la pente était là assez escarpée et difficile à gravir ; néanmoins, l'infanterie ennemie se renforçait sans cesse et s'étendait de plus en plus ; elle avait bien à la fin 300 ou 400 hommes en ligne ; ses progrès devenaient menaçants. Le général C. donna alors l'ordre de porter en avant le reste du 1er dragons. Le commandant du régiment fit aussitôt mettre pied à terre à ses trois escadrons pour renforcer et prolonger la ligne des tirailleurs. Le feu de tous ces dragons, dont le nombre s'élevait maintenant à 350 hommes, refoula aussitôt l'ennemi dans le village. Deux pièces de la batterie à cheval avaient été placées par le commandant de la batterie au Graswald, sur le prolongement du ravin nord de Reimerswiller, et avaient pris tout le ravin en flanc ainsi que la pente que l'ennemi tentait de gravir.

Ce combat n'avait duré qu'un instant et, à 11 h. 30 m., l'adversaire s'était retiré non sans avoir éprouvé de grandes pertes.

La situation était devenue menaçante aussi à l'aile droite. Le Graswald n'avait d'abord été attaqué que par une compagnie qui s'était avancée par les pentes ouest du plateau de Sourbourg. La nature du terrain ne permettait pas à la batterie d'agir contre elle; quant aux 32 uhlans qui occupaient le Graswald et avaient déjà ouvert le feu, ils n'étaient guère en mesure de faire une résistance suffisante; heureusement qu'ils furent bientôt soutenus par le 4ᵉ escadron du 2ᵉ dragons. Cet escadron, qui se trouvait à l'ouest du chemin de fer, voyant l'infanterie ennemie arriver au pied nord de la petite hauteur 211 et tomber sous le feu des uhlans, avait lancé aussitôt deux pelotons au galop dans cette direction; ces pelotons traversèrent le remblai du chemin de fer et poussèrent si loin qu'ils parvinrent jusqu'à portée du soutien de l'adversaire; 40 hommes mirent aussitôt pied à terre et tirèrent sur ses derrières. Surprise tout à coup par ce feu croisé, la compagnie perdit contenance et gravit la pente avec assez de désordre ; mais au moment où elle allait atteindre le plateau 211, elle fut chargée par les deux autres pelotons de l'escadron qui étaient accourus au galop et avaient traversé le chemin de fer ; la compagnie, déjà mitraillée par l'artillerie au moment d'aborder le plateau, s'enfuit à la débandade sur Sourbourg.

Quelques dragons poursuivirent même jusque près du village, mais ils succombèrent pour la plupart sous le feu de la lisière. Le reste de l'escadron se rallia dans sa première position à l'ouest du chemin de fer, emmenant avec lui 76 prisonniers. Il avait relativement perdu peu de monde (17 hommes et 23 chevaux) ; mais l'adversaire avait laissé sur le carreau un assez grand nombre de tués et de blessés.

Pendant cet engagement, l'adversaire avait porté un bataillon de sa réserve en avant, en longeant les pentes escarpées qui bornent à l'est le plateau de Sourbourg ; ses tirailleurs arrivaient en ce moment sur la hauteur 219. Heureusement, ce mouvement avait été découvert assez à temps pour permettre à la batterie de se retirer sans être inquiétée. Le général se crut dès lors obligé de faire rétrograder toute sa droite, et il ordonna en conséquence à la brigade de grosse cavalerie de se retirer en arrière, mais sans aller trop loin, afin de pouvoir empêcher l'adversaire de déboucher par le défilé du Graswald.

En conséquence, le général B. fit replier la batterie à 1,900 pas de la hauteur 219, où elle se remit en batterie sur le bord de la chaussée au point 215. Le régiment de cuirassiers, après avoir rallié le 1er escadron de uhlans, se retira avec lui déployé en ligne de colonnes et reprit position à gauche et en arrière de la batterie. Le 4e escadron du 2e dragons reçut l'ordre d'occuper le bois de Rambach avec des hommes à pied.

Il était midi et quart. Quelques instants auparavant, on avait été informé que le 3e escadron de uhlans était arrivé à Hoffen, dont il occupait le pont[1].

Aussitôt après, le peloton de dragons envoyé dans la direction de Woerth avait fait connaître qu'il avait atteint Preuschdorf et qu'il s'était mis en communication avec un escadron de uhlans du 5e corps, qui s'était porté à Mitschdorf. Les chasseurs ennemis s'étaient retirés à Woerth.

Mais en ce moment (midi et quart) on reçut du colonel F. une dépêche des plus importantes :

1er rég. de uhlans. Hauteur au nord de Gunstett,
1er août 1870 — 11 h. 28 m. du matin.

Les deux escadrons sont arrivés ici à 10 h. 3/4. Les patrouilles poussées vers

---

[1] Cet escadron avait appris, à 11 h., que l'ennemi débouchait de la forêt de Haguenau; il avait aussitôt rappelé ses patrouilles et s'était retiré par Ober-Roderen, en observant le terrain entre Rittershofen et Kuhlendorf.

Morsbronn viennent de signaler la marche
de 3 ou 4 régiments de lanciers sur la
route de Haguenau à Woerth. Leur tête de
colonne se trouvait à 11 h. à Hegenei.
J'ai masqué ma position et je me tiens en
observation.

Le colonel, F.

Le colonel avait dû recevoir dans l'intervalle
l'ordre qu'on lui avait expédié à 11 h. de se retirer
par Merschwiller sur Feldbach. Il était certainement de la plus haute importance d'observer la
marche de l'adversaire, mais, d'un autre côté, on
ne pouvait laisser les deux escadrons de uhlans à
Gunstett, depuis que l'ennemi avait pris l'offensive
pour se porter sur Soultz. On lui prescrivit alors
« de s'arrêter à Merschwiller, d'y attirer le peloton du 2ᵉ dragons et de faire surveiller par quelques détachements la marche de la colonne ennemie ainsi que la route de Woerth à Soultz. »

On l'invita en même temps à se tenir sans cesse
au courant de la situation à Soultz et à se retirer,
en cas de besoin, dans la direction de Memels-
hofen.

Après ces dispositions générales, le général de
division reporta toute son attention sur les événements qui se déroulaient devant ses yeux.

En présence des masses d'infanterie qui le menaçaient, il ne croyait pas pouvoir se maintenir
sur le plateau au Sud de Soultz s'il était sérieuse-

ment attaqué; d'un autre côté, il lui semblait imprudent de se retirer sans une nécessité pressante. Cependant, la situation s'aggravait à chaque instant. Les tirailleurs occupaient déjà le Graswald, ainsi que les bords des ravins qui débouchent à l'est de la route, de sorte que la batterie et les 5 escadrons de la brigade de grosse cavalerie ne pouvaient plus rester dans leur position sans s'exposer à de grandes pertes. Ensuite, on n'avait pas seulement en face de soi la batterie qui était établie à l'ouest du sommet 219, mais les deux batteries restées si longtemps inactives au sud de Reimerswiller avaient pris position sous la protection de leur brigade de cavalerie sur les hauteurs (204) à l'est du village et pouvaient battre tout le plateau au sud de Soultz.

A 12 h. 30, le général se résolut donc à donner l'ordre de continuer la retraite, en commençant par la brigade de dragons, et en la faisant rétrograder jusqu'à Hermerswiller; la brigade de grosse cavalerie resterait jusqu'à nouvel ordre en position au bord nord du plateau disputé jusqu'alors, afin de couvrir le mouvement et de parer à toute attaque brusque de l'ennemi.

Pour se soustraire au feu de l'artillerie qui balayait le plateau, les chevaux du 1er dragons et les 2 escadrons du 2e dragons avaient été repliés en arrière de la hauteur 208. Les hommes à pied se retirèrent en ordre dispersé et remontèrent à cheval derrière la hauteur, puis le régiment se dirigea au pas jusqu'à Reimerswiller, suivi par le

2ᵉ dragons, dont le 3ᵉ escadron toutefois resta à Hohwiller.

A la droite, le 1ᵉʳ escadron de uhlans s'était replié sur Soultz, dont il avait occupé l'entrée. Le régiment de cuirassiers et la batterie s'étaient mis à l'abri sur le revers du plateau à l'est du chemin de Reimerswiller à Soultz. Le 4ᵉ escadron du 2ᵉ dragons occupa encore le bois de Rambach.

De ce point, le feu continua avec les tirailleurs embusqués sur la hauteur au nord-est du Graswald. Une ligne de tirailleurs couronna ensuite le bord du plateau au nord de Reimerswiller, mais sans le franchir. Plus à l'est, on apercevait sur le bord de la route entre Hohwiller et Kuhlendorf quelques escadrons de chasseurs, dont les mouvements avaient été déjà signalés à plusieurs reprises par le 3ᵉ escadron de uhlans. On pouvait aussi distinguer les régiments de cuirassiers avec leurs deux batteries sur la hauteur à l'est de Reimerswiller.

A 1 heure et quelques minutes, la division de cavalerie avait opéré son mouvement de retraite.

Pendant qu'il s'exécutait, à 12 h. 40 m., un avis du colonel F. fit connaître « qu'il avait reçu, à 11 h. 30 m., l'ordre de se retirer de Gunstett, qu'il avait rappelé aussitôt ses patrouilles et était ensuite arrivé à 12 h. 15 m. à Merschwiller. Il avait laissé un peloton à mi-chemin entre ce village et Gunstett. D'après les derniers renseignements recueillis par ses patrouilles, l'ennemi continuait sa marche sur Woerth avec 3 régiments de cavalerie, dont 2 de lanciers et une ou deux batteries. Le peloton du 2ᵉ dragons se trouvait à Dieffenbach. »

D'après les apparences, il était évident que la cavalerie signalée par les uhlans n'avait pas l'intention, pour le moment, de prendre part à l'engagement de Soultz et qu'elle cherchait avant tout à gagner Woerth.

Il était assez difficile de deviner exactement en ce moment les intentions générales de l'adversaire. En présence du gros de la division, il paraissait vouloir se contenter de la possession des villages situés au pied des hauteurs aux abords de la forêt de Haguenau et éviter tout engagement sérieux. La cavalerie qui s'y trouvait paraissait évidemment ébranlée par l'échec de la matinée.

D'après les renseignements donnés par les uhlans, il était probable que les troupes qu'ils avaient signalées n'étaient autres que la brigade encore manquante de la division de cavalerie du 1ᵉʳ corps de l'ennemi et on pouvait s'attendre à avoir bientôt à faire avec 7 régiments de cette division.

La proximité de l'ennemi ne permettait pas de laisser longtemps sur pied le régiment de cuirassiers dans une position aussi isolée; le commandant de la division lui ordonna, à 1 h. 8 m., de se retirer avec la batterie en arrière de Soultz, en ne aissant qu'un escadron en observation.

A 1 h. 20 m., ce mouvement s'exécutait. La batterie s'établit sur la hauteur où elle s'était déjà trouvée le matin, 3 escadrons de cuirassiers prirent position en arrière massés en colonnes d'escadron, le 4ᵉ resta sur le bord nord du plateau qu'ils venaient d'évacuer.

Le 4ᵉ escadron du 2ᵉ dragons fut renvoyé à sa brigade; sur ces entrefaites étaient arrivées, à 1 h. 10 m., les nouvelles suivantes :

1ᵉʳ régiment de uhlans.   Merschwiller, 1ᵉʳ août, 12 h. 40 m.

> Ci-joint un avis qu'on vient de recevoir du peloton du 4ᵉ escadron qui se trouve encore dans la direction de Gunstett. Le peloton de dragons qui est du côté de Woerth signale, de son côté, la marche d'un régiment de lanciers qui vient de déboucher de la ville et se dirige sur Dieffenbach.

L'avis du peloton de uhlans disait :

1ᵉʳ rég. de uhlans,   1ᵉʳ avis du 4ᵉ peloton.
4ᵉ escadron.   Haut. à une demi-lieue N.-E. de Gunstett.
12 h. 22 m.

> La patrouille laissée à Gunstett annonce qu'une forte colonne d'infanterie accompagnée d'une batterie débouche depuis midi de Morsbronn et suit la route de Woerth. Je me suis moi-même porté en avant et j'évalue la force de la colonne qu'on aperçoit jusqu'à présent à 4 bataillons. Un escadron de lanciers s'étant porté de mon côté par Spacbach, je n'ai pu attendre que

la queue de la colonne eût débouché. Je rejoins le régiment en réglant ma marche sur celle de l'ennemi.

Le lieutenant, Z.

A 1 h. 12 m., on fut informé par le 3ᵉ escadron de uhlans « qu'un escadron de chasseurs était arrivé à Leiterswiller où il s'était arrêté. Le gros de la cavalerie ennemie avait mis pied à terre à Kuhlendorf. »

Enfin, à 1 h. 17 m., arrivait encore un avis de la brigade de hussards :

Nieder-Roderen, 1ᵉʳ août 1870 — 12 h. 15 m.

L'ennemi, après avoir évacué Seltz, Nieder-Roderen et Hatten, a continué concentriquement sa retraite sur Forstfeld. Il n'a guère en tout qu'un bataillon de chasseurs (13) et 4 escadrons du 8ᵉ hussards. Il est probable qu'il a l'intention de garder provisoirement les ponts de Forstfeld. On ne voit pas d'autres troupes.

Le général de brigade, D.

D'un autre côté, le commandant de la brigade de grosse cavalerie, qui s'était porté en avant au 4ᵉ escadron de cuirassiers, vint trouver le général de division près de la batterie à cheval, et l'informa que l'infanterie ennemie avait déjà établi ses avant-postes sur le bord du plateau au nord de Reimerswiller et que leur ligne s'étendait de ce village au Graswald. Les troupes ajouta-t-il, doivent faire la cuisine en arrière, à en juger du moine par la fumée que l'on aperçoit distinctement à la lunette sur le plateau de Sourbourg et au sud du plateau.

On avait reçu aussi divers renseignements par l'officier supérieur de uhlans qui avait été envoyé à Soultz, après le combat du matin, pour y prendre les mesures nécessaires concernant les blessés et les prisonniers; l'ensemble de ces renseignements, rassemblés par le chef d'état-major, donna le résultat suivant :

« 1° Les cuirassiers qui ont pris part au com-
« bat appartiennent au 9° régiment, qui forme
« avec le 8° la 3° brigade de la division de cava-
« lerie du 1ᵉʳ corps d'armée. Cette brigade était
« cantonnée depuis quelques jours au sud de la
« forêt de Haguenau; à la suite d'une alerte, le
« 1ᵉʳ août au matin, elle s'est portée par régi-
« ment sur Soultz.

« 2° Les prisonniers faits au Graswald par le
« 4° escadron du 2° dragons appartiennent à la
« 3° compagnie du 96° de ligne. Cette compagnie
« avait dû partir aussi de Haguenau, le 1ᵉʳ août
« au matin, avec tout le régiment. La division,
« commandée par le général F., cantonnait de-
« puis plusieurs jours à Haguenau et aux envi-
« rons.

« 3° Parmi les prisonniers se trouvaient encore

10

« 3 hommes du 18e de ligne, qui avaient été en-
« levés par une patrouille du 1er uhlans à Schab-
« willer. D'après le dire de ces prisonniers, leur
« bataillon aurait couché depuis 3 jours à Schab-
« willer et Oberbetschdorf; il serait parti par
« alerte le 1er août, au matin, et se serait retiré sur
« la forêt de Haguenau, où leur compagnie avait
« occupé un moulin et un pont et d'où elle avait
« été envoyée en patrouille un peu plus tard. »

Ces indications, jointes à celles du 1er uhlans et de la brigade de hussards, donnaient enfin au commandant de la division les renseignements nécessaires pour se faire une idée générale de la situation, ou être au moins fixé sur les troupes avec lesquelles on s'était trouvé en contact.

Il pouvait donc constater que l'ennemi avait porté en 1re ligne, pour observer la frontière, la 2e brigade de cavalerie légère, le 7e hussards sur Soultz, le 8e vers Seltz.

L'avant-garde du corps était formée par la 1re division d'infanterie du 1er corps qui se trouvait à Haguenau et par la brigade de cuirassiers du même corps. Cette avant-garde avait fait occuper par des détachements la lisière nord de la forêt de Haguenau pour assurer sa marche et couvrir sa retraite; ainsi, à l'aile droite, elle avait placé le 13e bataillon de chasseurs à Seltz, Nieder-Roderen et Hatten, et le 18e de ligne (en totalité ou en partie) au débouché de la route de Seltz et aux ponts voisins du Sauerbach.

L'autre régiment de la 1re brigade, le 96e, se trouvait à Haguenau et était en route pour soutenir ces détachements.

Selon toute apparence, on avait devant soi six bataillons à Sourbourg et Reimerswiller; il était donc très probable que les colonnes signalées sur la route de Haguenau à Woerth appartenaient à l'autre brigade de cette division et à la 1re brigade légère de la 1re division de cavalerie.

Quant à cette dernière, il n'y avait plus aucun doute à avoir, mais il pouvait très bien se faire que l'infanterie signalée sur la route de Woerth appartînt à une autre division que la 1re.

En tout cas, il était évident que l'ennemi tenait essentiellement à la possession du nœud des routes qui se croisent à Woerth et qu'il avait tout intérêt à couvrir la route de Soultz à Haguenau. Mais, en présence de l'inquiétude qu'il avait manifestée pour l'occupation de Woerth, en ne portant pas immédiatement toutes ses forces de Haguenau à Soultz, on avait lieu de croire qu'il ne songeait qu'à garder la défensive. Toutefois, on n'en était pas encore certain, car le mouvement sur Woerth pouvait très bien n'être qu'une mesure préparatoire, destinée à couvrir ses communications dans le cas d'une offensive réelle.

Ces considérations indiquaient que le moment était venu de rappeler la brigade de hussards. D'après les apparences, on n'avait rien à craindre dans la direction de Forstfeld; rien ne faisait pressentir la marche de gros corps d'armée de ce

côté et tout annonçait, au contraire, qu'ils viendraient de Haguenau et de Woerth. On connaissait déjà la présence de six régiments de cavalerie
devant la colonne de droite et il fallait évidemment concentrer toute la division pour leur résister au moins avec quelque chance de succès et
pouvoir se maintenir en contact avec l'infanterie
de l'adversaire.

Le général A. se décida donc à envoyer un
officier d'ordonnance avec quatre cavaliers bien
montés du 1er dragons à la brigade de hussards,
pour lui porter l'ordre suivant :

1re div. de cavalerie.   Hauteur au nord de Soultz,
                               1er août 1870 — 2 h. après-midi.

De grandes masses d'infanterie et de
cavalerie se sont avancées par la route de
Haguenau et ont forcé la division à se
retirer en arrière de Soultz. La brigade de
hussards partira immédiatement et se dirigera sur Aschbach; de là, elle se mettra
en communication avec la gauche de la
division qui occupe Hoffen et enverra chercher de nouveaux ordres. 3 régiments de
cavalerie sont signalés à Kuhlendorf; dans
le cas où ces régiments se porteraient en
avant pendant son mouvement, la brigade
cherchera à se relier à la division, en cas
de nécessité, par Nieder-Seebach et Ober-
Seebach; éviter autant que possible tout

engagement, avant d'être relié à la division.

Un escadron de hussards restera à Nieder-Roderen ; il gardera le contact avec l'adversaire signalé à Forstfeld en couvrant avec soin son flanc droit et se tiendra en communication avec la cavalerie du 11e corps à Seltz. La brigade invitera cette cavalerie à se maintenir dans la ville. Si l'escadron est forcé à la retraite, il se retirera par la route de Wissembourg qui passe par Tombach.

Le général de division, A.

Cet ordre allait être expédié, lorsqu'on fut informé par le régiment de uhlans de Merschwiller que la cavalerie qu'il avait devant lui s'était arrêtée à Dieffenbach et établissait ses avant-postes. Le commandant de la division se résolut aussi à donner le repos nécessaire à ses troupes et dicta aux aides de camp l'ordre suivant. Il était 2 h. 10 m. :

Hauteur au nord de Soultz,
1er août 1870 — 2 h. 10 m. du soir.

La brigade de grosse cavalerie observera l'ennemi sur la rive droite de la Seltz (Hausauerbach) ; avant-postes s'étendant de Soultz à Hoffen ; ces deux points seront occupés. On abandonnera le poste d'observation de Merschwiller ; un escadron seulement, placé à Lampersloch ou Lobsann, surveillera la route de Soultz à Woerth, ainsi que la cavalerie signalée à Dieffenbach. On se tiendra en communication avec la cavalerie du 5° corps qui se trouve sur la route de Wissembourg à Woerth.

Place d'alarme des cantonnements à Schœnenbourg. On réorganisera les régiments le plus rapidement possible. La batterie à cheval restera à la brigade.

La brigade de hussards, après son arrivée à Aschbach couvrira la rive gauche de l'Hausauerbach jusqu'à la route de Fort-Louis, Aschbach, Nieder et Ober-Seebach pourront être occupés par la brigade. Place d'alarme à l'ouest de Nieder-Seebach.

La brigade de dragons reviendra à Hunspach et Ingolsheim, où elle cantonnera. Place d'alarme à Hunspach.

Les deux brigades de cavalerie légère reconnaîtront avec soin les ponts de l'Hausauerbach et du Seltzbach et m'enverront le résultat de leurs reconnaissances avant 9 h. du soir.

Les rapports de la journée, les états de pertes et les demandes de munitions parviendront à la même heure au quartier général de la division à Hunspach.

Les trains et les bagages parqueront à Altenstatt; les brigades pourront faire venir les voitures nécessaires; mais elles seront renvoyées le 2 à 3 h. 30 m. du matin.

Le général de division, A.

L'intendant de la division fut invité à diriger les vivres sur les différents points assignés aux troupes, afin de pouvoir faire les distributions sans retard, si les réquisitions des villages se faisaient attendre ou se trouvaient insuffisantes.

CONSIDÉRATIONS SUR LES ÉVÉNEMENTS SURVENUS A LA DIVISION
de 10 h. du matin à 2 h. après-midi.

En présence de l'infanterie ennemie qui débouchait de la forêt de Haguenau, la division de cavalerie se vit amenée à acccepter le combat sur les hauteurs qui s'étendent entre le Graswald et Reimerswiller.

Nous touchons donc un des points les plus importants concernant l'emploi de la cavalerie dans le cours des opérations et sur lequel il importe que tout officier de cavalerie ait les idées bien arrêtées.

Il est certainement toujours de règle qu'à la guerre, *il ne faut jamais céder le terrain sans une nécessité absolue.* Une troupe ne doit jamais évacuer la position qu'elle occupe, à moins qu'elle n'ait quelque danger à craindre en ne se retirant pas immédiatement ou que son concours ne soit plus nécessaire ailleurs.

Tel est aussi le principe auquel doivent se conformer les divisions de cavalerie qui précèdent les

armées. Elles n'ont pas seulement pour mission
de conserver constamment le contact avec l'adversaire, une fois qu'elles l'ont obtenu, mais elles
doivent faire tous leurs efforts pour se maintenir
sur le terrain où elles ont porté leurs opérations.

*Mais dans quelle limite la cavalerie doit-elle
s'engager dans un combat?*

Nous avons déjà traité cette question, quand la
cavalerie se trouve en face de celle de l'adversaire.
On cherche à la repousser, si les forces dont on
dispose suffisent pour lui tenir tête; mais si l'adversaire a la supériorité du nombre et que l'on soit
soi-même refoulé, on ne doit combattre en général
que quand les circonstances et principalement la
nature du terrain présentent quelques chances de
succès ou quand on se sait soutenu en arrière par
d'autres corps de troupes prêts à vous recueillir.

Il n'en est plus de même dès que notre cavalerie
rencontre de grands corps de troupes. Le combat
à pied, tout aussi bien que la charge, imposeront
toujours d'énormes sacrifices. Une seule attaque
un peu sérieuse suffit pour décimer tout un régiment et le réduire à un seul escadron, et si le
combat prend de grandes proportions, il peut en
résulter la ruine de toute la division de cavalerie.

*On ne doit certainement jamais hésiter à sacri-
fier ainsi une partie de son monde, mais c'est à la
condition seulement que les pertes subies soient
largement compensées par le résultat obtenu ou que
l'intérêt général le réclame.* Cette question demande une nouvelle solution pour chaque cas

dans la division de cavalerie qui éclaire l'armée et réclame chaque fois un examen des plus sérieux. Sinon, on se laissera facilement entraîner par le désir naturel d'en venir aux mains, sans chercher à le maîtriser par un examen réfléchi de la situation, et on s'exposera à ruiner ses troupes inutilement.

Par conséquent, en présence d'une infanterie qui marche à elle, la division de cavalerie fera souvent mieux de lui abandonner le terrain pas à pas, plutôt que de s'exposer à sa perte, en voulant le défendre.

A moins de circonstances exceptionnelles, elle ne devra jamais s'engager avec l'infanterie.

Ainsi, par exemple, si le 31 juillet, au moment où la 3ᵉ armée se trouvait encore répandue dans de larges cantonnements, la 1ʳᵉ division de cavalerie venait à rencontrer les colonnes de l'armée ennemie déjà sur la rive gauche de la Lauter, elle devait les attaquer tête baissée pour arrêter leur marche, au risque même de marcher à sa ruine.

Si elle ne les rencontrait qu'après avoir franchi la Lauter, son devoir était de chercher à en empêcher le passage, en faisant combattre à pied tous ses régiments de cavalerie légère.

Mais si elle ne trouvait l'ennemi qu'à la forêt de Haguenau, et sur le point de prendre l'offensive, *il fallait, en principe, éviter de s'engager aussi sérieusement avec son infanterie.* Les résultats à obtenir seraient rarement en rapport avec les sacrifices qu'ils exigeraient. La forêt de Haguenau

est trop éloignée des cantonnements de la 3° armée
pour permettre à l'ennemi d'en empêcher la concentration.

Dans cette période des opérations, la 1ʳᵉ division
de cavalerie arrive, par le fait, à la forêt de Haguenau ; sa principale mission était dès lors de
surveiller avec le plus grand soin les mouvements
de l'ennemi et de reconnaître sa force ; elle ne
devait s'engager avec son infanterie que si elle
trouvait une occasion favorable.

Néanmoins, il ne fallait pas complétement perdre
de vue qu'il est toujours utile d'entraver la marche
de l'adversaire, quand même la situation générale
ne l'exigerait pas impérieusement. On peut toujours par là gagner du temps, ce qui n'est jamais
à dédaigner.

En tout cas, il ne faut pas aller au delà d'une
certaine limite et ne pas s'exposer à des sacrifices
qui ne soient pas en rapport avec le résultat
obtenu.

Pour se tenir renseigné sur la force de l'ennemi
qui marche à vous, il n'est nullement nécessaire
de s'engager avec son infanterie. Il suffit uniquement d'empêcher sa cavalerie de masquer les
mouvements des colonnes qui la suivent et de
forcer l'infanterie à se porter en première ligne.
Alors on peut être certain d'avoir des renseignements sinon complets à ce sujet, du moins très
suffisants. En se retirant pas à pas devant les têtes
de colonne de l'adversaire, votre cavalerie pourra
du moins observer la direction de sa marche ou

le point où il s'arrête et s'assurer si l'on a devant
soi des forces plus ou moins sérieuses. Une
retraite opérée dans ces conditions aurait toujours
permis à la division de cavalerie de satisfaire aux
exigences que lui imposait le but qu'elle poursui-
vait, sans porter préjudice à l'ensemble des opérations en abandonnant le terrain qu'elle occupait.

Mais si, malgré cela, le général A. se décide à
accepter le combat sur les hauteurs qui s'étendent
entre le Graswald et Reimerswiller, on ne peut
néanmoins que l'approuver.

La nature du terrain était des plus propices pour
garder un certain temps la défensive et permettait d'arrêter la marche de l'adversaire et de lui
faire subir probablement de grandes pertes.

C'est un grand point pour la cavalerie de pouvoir
garder ainsi quelque temps la défensive, car on
ne peut guère espérer qu'elle repoussera l'attaque
d'une infanterie supérieure en nombre, pour peu
que cette attaque soit sérieuse. Avec ses six pièces,
la division pourrait tout au plus disposer d'un
millier de fusils pour faire face à l'adversaire, qui
en a six ou sept fois autant, avec une artillerie
trois fois plus forte.

On avait, il est vrai, un grand avantage : c'est
que l'ennemi, pour arriver sur le plateau, était
obligé de défiler le long de la route ou de gravir
les bords escarpés du ravin. Un pareil terrain est
des plus favorables pour permettre à la cavalerie
de se dégager d'un combat et de se retirer à temps,
sans courir le risque de s'engager à fond.

Si l'on songe que la nature du terrain permettra souvent à des masses de cavalerie d'opposer, à tout instant, une manœuvre du même genre à des colonnes d'infanterie qui marchent à elles, on comprendra facilement comment elles peuvent arrêter la marche de l'ennemi, quand sa cavalerie aura été refoulée derrière son infanterie.

L'adversaire est obligé d'abord de se déployer devant toutes les lignes de défense qui se présentent et de se remettre ensuite en colonne dès qu'il les a atteintes, à moins de marcher déployé, pendant des lieues entières, à travers champs et toujours en formation de combat. Quel que soit le mode qu'il adopte, il exigera toujours deux fois plus de temps qu'une simple marche en avant. Ajoutez à cela que les batteries à cheval qui accompagnent la cavalerie, soutenues par quelques escadrons, auront toute liberté pour se porter tantôt sur un point, tantôt sur un autre et forcer l'adversaire à chercher à se garer de leur feu, que l'attaque d'une ligne qui paraît fortement occupée demande à être préparée à fond par l'artillerie et exigera toujours un certain temps, et vous pourrez alors vous représenter comment des masses de cavalerie peuvent arrêter, même *sans combattre*, la marche de l'adversaire et en même temps émousser ses forces. Il n'est jamais sans importance de retarder de 6 ou 8 heures, ou même davantage, une marche qui ne devrait durer que 6 ou 7 heures.

Etudions un instant le rôle de la division de

cavalerie dans la défensive ; voyons comment elle doit occuper, défendre une position, enfin, se dégager du combat.

En ce qui concerne l'occupation de la position, on pourrait peut-être objecter que le commandant ·de la division aurait dû prendre d'autres dispositions, en mettant la brigade de dragons en première ligne et celle de grosse cavalerie en réserve. Nous ne sommes nullement de cet avis ; *la chose était désirable, mais nullement exécutable.*

Si la brigade de grosse cavalerie se trouve à la droite et celle de dragons à la gauche, c'était uniquement la conséquence du combat précédent et des mouvements qui en étaient résultés. Les circonstances les ont amenées où elles sont en ce moment, sans qu'on puisse rien y changer, et il faut les employer maintenant où elles se trouvent. *Ce qu'on peut regretter, c'est que l'armement actuel de la grosse cavalerie ne permette pas d'employer indifféremment l'une ou l'autre cavalerie.*

Il ne pouvait qu'être extrêmement avantageux de pouvoir consacrer plus de 400 fusils à la défense du défilé du Graswald, au lieu des 32 de l'escadron de uhlans ; *mais la privation d'un pareil avantage n'est qu'une preuve de l'insuffisance d'une brigade de grosse cavalerie à répondre, avec son organisation actuelle, aux exigences que la guerre lui impose, à elle aussi, à cet égard.*

Si les cinq escadrons de cuirassiers et de uhlans qu'on avait sous la main avaient tous été armés de fusils, on aurait pu avoir 500 hommes pour le combat à pied et on pouvait, avec le concours de la batterie, défendre avec beaucoup de chances de succès le défilé même, en occupant la hauteur 219 et le Graswald. Maintenant, on dut l'évacuer à l'approche de l'ennemi, et on se vit réduit à une opération beaucoup plus difficile et moins sûre, et forcé d'attaquer pour empêcher l'adversaire de déboucher. Avec les 32 fusils dont disposait la brigade de grosse cavalerie, elle pouvait occuper *ou la hauteur 219 ou le Graswald*. Le Graswald était le point le plus important, parce qu'il permettait de prendre en flanc tout le revers ouest du plateau, pendant que la batterie à cheval pouvait le défendre de front. Ainsi que nous l'avons vu, l'ennemi gravit la hauteur 219 par le ravin à l'est de Sourbourg et nous força ainsi à la retraite; c'est là une preuve que la brigade de grosse cavalerie avait un armement insuffisant pour occuper même suffisamment les deux points essentiels. *Mais quelques centaines d'hommes auraient pu tenir ces deux points et avec eux toute la position, au moins pendant un certain temps.*

La brigade de dragons fut mise à l'aile gauche. Elle couvrit d'abord avec un escadron à pied les pentes qui, de Reïmerswiller, aboutissent au plateau; elle assura son flanc gauche en faisant occuper par un deuxième escadron le village d'Hohwiller, le seul point par où on pût l'aborder, et garda le reste en réserve, c'est à dire, 3 escadrons du 1er régiment et 2 du 2e régiment, à distance d'attaque du bord du plateau.

En pareilles circonstances, la cavalerie fera bien de ne pas déployer trop tôt toutes ses forces, et de se contenter d'abord d'occuper les points principaux. Grâce à la rapidité de ses mouvements, elle aura toute liberté pour n'employer le reste des forces disponibles aux points voulus que quand l'ennemi aura dessiné la direction de son attaque.

Arrêtons-nous ici sur un point des plus importants; nous voulons parler de la quantité de forces que la cavalerie doit consacrer en général au combat à pied. Il est évident qu'elle variera dans chaque cas particulier, *mais en tout cas, si l'on n'a pas l'intention de sacrifier les troupes qui y sont destinées, il faut qu'elles puissent facilement remonter à cheval.*

Si, par exemple, un escadron défend une hauteur avec les 2/3 de son monde, et que le reste se tienne en arrière à l'abri pour garder les chevaux, sa retraite semble suffisamment assurée. Il dépendra de lui de profiter de cet avantage, d'après la manière dont il opérera. S'il n'évacue la position qu'au dernier moment, quand l'infanterie ennemie s'élance sur lui, il est certain que la cavalerie ne profitera en rien de la proximité à laquelle se trouvent ses chevaux. Elle doit au contraire les retirer alors aussi vite que possible, car si, au moment de remonter à cheval, les balles viennent tomber au milieu de ce groupe désarmé d'hommes et de chevaux, ou même seulement en avant d'eux, une partie des chevaux s'échapperont dans toutes

les directions et l'escadron sera non seulement
hors d'état de combattre, mais il courra encore le
risque d'être complétement détruit. De plus, si
des cavaliers, même en petit nombre, veulent
charger cette infanterie, le danger n'en deviendra
que plus grave.

La cavalerie marcherait ainsi à sa ruine, pour
peu que celle de l'adversaire se jette pendant le
combat sur les chevaux de main.

Dans le combat à pied, il faut donc non seulement s'exercer à occuper une position ou à gagner
un point d'où l'on puisse faire un bon usage de
ses armes, mais encore consacrer autant d'attention à assurer la retraite des hommes qui combattaient à pied, en leur permettant de remonter à
cheval en toute sécurité et à adapter avec soin
cet exercice aux circonstances de la guerre. Cette
dernière précaution n'est pas sans difficultés, et
il est d'autant plus nécessaire de donner une
direction convenable à ces exercices, que, dans les
manœuvres, le cavalier parvient toujours à remonter à cheval et que l'escadron se retire alors au
trot en bon ordre, même quand les tirailleurs
ennemis ne se trouvent pas à plus de 100 pas de
distance.

Lorsque la cavalerie met pied à terre pour
combattre, elle doit donc veiller avec soin à mettre
ses chevaux en sûreté et surtout bien peser les
circonstances dans lesquelles elle les retrouvera
en cas de retraite.

On les abritera du feu dans le terrain même,

quand ce sera possible; sinon, on les éloignera de la première ligne, et on les empêchera d'être tournés en laissant un soutien en arrière. Si l'on bat en retraite, on ne pourra remonter à cheval que si l'on se replie à temps, c'est à dire, en ne tenant pas en position jusqu'à la dernière extrémité, ou si l'on a derrière soi des réserves suffisantes pouvant rester à cheval sans crainte, avec un champ d'attaque favorable en avant d'elles, ou enfin si le feu de l'artillerie empêche l'ennemi de vous suivre rapidement.

On tiendra alors les chevaux de main en arrière de ces réserves ou de l'artillerie, et les cavaliers à pied qui se retirent auront à continuer encore leur mouvement rétrograde pendant un certain temps jusqu'à ce qu'ils arrivent derrière les troupes destinées à les recueillir.

On peut déjà voir par là que les exigences du combat à pied dans la cavalerie sont tout autres que dans l'infanterie, et qu'il réclame le plus souvent des procédés tout différents. Un examen plus complet du combat de notre exemple, même dans les simples conditions où il a été livré, c'est à dire dans un but défensif, suffira pour faire ressortir ces différences d'une manière plus éclatante encore.

Au moment où l'ennemi débouche de Reimerswiller et prononce son attaque, nous voyons le général C. amener au bord du plateau les trois escadrons restants du 1er régiment de dragons; là il leur fait mettre pied à terre pour combattre à

pied. Il ne lui reste plus, par conséquent, que
2 escadrons du 2ᵉ régiment disponibles. Si l'infanterie ennemie gravit réellement la pente, ces escadrons doivent suffire pour l'empêcher au moins
de déboucher sur le plateau pendant le temps nécessaire pour que les dragons à pied puissent
rejoindre leurs chevaux, remonter à cheval et se
reformer. C'est dans ce but, c'est à dire pour
parer au danger de laisser envelopper ses hommes
à pied par l'adversaire, qu'il faut réserver les
deux escadrons du 2ᵉ régiment. La question est de
savoir s'il faut engager immédiatement tous les
escadrons de la première ligne, ou s'il ne serait
pas préférable d'agir comme le fait généralement
l'infanterie, en renforçant successivement, suivant
le besoin, les troupes qui sont déjà au feu.

Nous croyons néanmoins qu'on a bien fait ici
de consacrer immédiatement, au combat à pied,
tous les escadrons qui y étaient destinés.

Dans la défensive, le combat de la cavalerie à
pied ne saurait avoir le même caractère, la même
ténacité que celui de l'infanterie, où l'on ne soutient la 1ʳᵉ ligne qu'en cas de nécessité, où l'on se
ménage des réserves intactes aussi longtemps que
possible, où enfin l'on recule pas à pas pour reprendre à chaque instant l'offensive et reconquérir
le terrain perdu. Il ne faut pas se faire illusion;
la supériorité dans le tir et l'aptitude à se servir
du terrain donneront toujours à l'infanterie une
puissance qui fera défaut à la cavalerie. Les
combats traînants ne sont pas de son ressort.

Au delà d'une certaine limite, elle aura de la peine à réussir. Elle ne peut songer à tirer parti des localités, bois, villages, pour se défendre, qu'en en occupant la première ligne, et cela en y mettant en action toutes les armes dont elle peut disposer. Ce n'est que par la masse des projectiles qu'elle pourra lancer alors sur l'adversaire, et grâce à la puissance inhérente en général à la défensive, qu'elle parviendra à tenir tête à l'infanterie, mieux exercée qu'elle au tir et à ce genre de combats.

Nous pourrions donc caractériser comme il suit le combat à pied de la cavalerie dans la défensive :

On occupera provisoirement avec quelques détachements les points qu'il importe d'occuper.

Tout le reste sera tenu en réserve; on tirera de cette réserve les pelotons ou escadrons nécessaires pour garder les chevaux de main et recueillir les hommes qui combattent à pied.

On portera toute la réserve en première ligne, dès que l'ennemi attaquera une partie de la position, à moins que l'on ne craigne de se voir bientôt forcé de se défendre sur d'autres points; dans ce cas, on en gardera une partie à sa disposition pour parer à cette éventualité.

Toutes les forces amenées en première ligne devront être consacrées à empêcher l'ennemi d'avancer.

Ces traits caractéristiques se retrouvent dans le combat soutenu par la brigade de dragons, lorsqu'elle fut attaquée par l'ennemi débouchant de Reimerswiller.

A l'aile droite de la division de cavalerie, il s'est produit, par suite d'un hasard heureux dont on sut profiter, un petit épisode qui n'est pas sans enseignement. Malgré leur petit nombre, les uhlans du Graswald obligent l'infanterie qui s'avance par le revers du plateau à déployer ses tirailleurs. Le succès du 4ᵉ escadron du 2ᵉ dragons peut montrer quelles ressources possède la cavalerie, quand elle sait combiner l'attaque avec le combat à pied. La surprise produit toujours une certaine impression, surtout quand elle provient d'une direction inattendue et que l'ennemi reçoit tout à coup des coups de fusil sur ses derrières.

Malgré ce petit succès, l'aile droite de la division ne tarda pas à être forcée de se retirer, parce qu'elle ne possédait pas les moyens d'empêcher l'ennemi de s'emparer de la hauteur 219. Il fallut, par conséquent, renoncer à défendre directement le défilé, quoiqu'il se prêtât très bien à une bonne défense.

Toutefois, ce n'est qu'avec regret que le commandant de la division se résigna à battre en retraite; mais il s'y voyait amené par le développement même de la situation. Qu'allait-il arriver, en effet, si l'infanterie ennemie occupait avec ses tirailleurs les bords du plateau voisin du défilé et si elle parvenait à mettre son artillerie en position? Les 5 escadrons de la brigade de grosse cavalerie pourraient peut-être attaquer les premières troupes

qui essayeraient de franchir le défilé, mais le succès
d'une pareille attaque exécutée sous le feu des
tirailleurs ennemis, contre lesquels on ne pouvait
rien faire, ne pouvait être que fort douteux et
coûterait, en tout cas, de grands sacrifices. En
supposant même que l'ennemi perdît un peu plus
de monde que les escadrons dans cette attaque,
c'eût été là un avantage beaucoup trop chèrement
acheté, car la cavalerie ne se remplace pas aussi vite
que l'infanterie, *et, en tout cas, il n'y a aucun
succès durable à espérer*. Si les 1res compagnies de
l'ennemi ne réussissaient pas, les suivantes par-
viendraient toujours à pénétrer au delà du défilé
en préparant soigneusement leur mouvement et
en prenant le temps nécessaire. La situation était
trop grave pour la division pour chercher à gagner
du temps à un pareil prix. Le moment était donc
venu pour elle de renoncer au combat ; elle avait
arrêté l'adversaire et lui avait infligé des pertes
sans être elle-même bien éprouvée, et on ne peut
qu'approuver la résolution du général de division
dans cette circonstance.

Parmi les autres mesures prises par la division,
nous signalerons principalement le rappel de la
brigade de hussards : cette mesure était d'une
importance capitale et motivée par la connaissance qu'on avait de l'ensemble de la situation,
maintenant suffisamment éclairée. On a bien fait
aussi d'arrêter la brigade à Aschbach au lieu de
la ramener jusqu'à Schœnenbourg, puisqu'on se
réservait ainsi la possession des deux rives de

l'Hausauerbach. Cette occupation des deux rives était d'autant plus nécessaire que la cavalerie signalée à Kuhlendorf pouvait déboucher à tout instant sur la rive gauche et ne trouvait plus aucun obstacle jusqu'à Wissembourg. Dans ce cas, on se serait vu obligé de retirer le gros de la division jusqu'en arrière de Riedseltz.

On était maintenant suffisamment éclairé sur ce qui se passait le long du Rhin, où l'on n'avait rien à craindre pour le moment. L'escadron de hussards laissé à Nieder-Roderen, ainsi que la cavalerie du 11e corps qui se trouvait à Seltz, suffisaient complétement, pour le moment, pour observer cette région, en supposant même que les chasseurs à pied reprissent ces deux points. On était arrivé au contact de masses ennemies à Soultz et à Woerth; c'est là qu'était maintenant le pivot des opérations de la division de cavalerie et les masses que l'on avait rencontrées réclamaient le concours de toutes ses forces.

L'adversaire n'ayant pas poursuivi plus loin ses mouvements, et la journée étant déjà avancée, il était 2 heures, le général de division put donner à ses troupes le repos nécessaire. Nous examinerons les dispositions prises à cet égard lorsque nous étudierons la position assignée aux avant-postes.

LA DIVISION DE 2 H. 10 M. DU SOIR A LA FIN DU JOUR.

Les ordres donnés à 2 h. 10 m. s'exécutèrent dans les heures suivantes, sans que l'ennemi y mît obstacle. Les patrouilles l'observèrent sans interruption, sans rien signaler d'intéressant. Il n'y eut çà et là que de petites escarmouches ; mais on entendait un tiraillement continu sur toute la ligne des vedettes et des patrouilles.

A 4 h., on reçut le rapport de la brigade de hussards. Ce rapport disait qu'elle était arrivée avec 7 escadrons et la batterie à cheval à Aschbach et qu'après avoir refoulé les patrouilles de l'ennemi, elle avait placé ses avant-postes aux environs de Leiterswiller ainsi qu'à Ober-Roderen et Bühl.

Le général de division arriva au même moment à Hunspach, où il apprit par un télégramme que le grand quartier-général avait été transporté à Landau dans la journée et que le 5e corps d'armée avait reçu l'ordre de diriger, le 2 août au matin, de grandes forces sur Wissembourg. On pouvait constater par là que le détachement de télégraphistes, qui était arrivé la veille à Wissembourg, avait rétabli la ligne télégraphique qui longe le chemin de fer ; il était arrivé à Hoffen au moment où le combat finissait à Reimerswiller et était alors retourné à Hunspach, qu'il avait relié avec la station du chemin de fer.

Le général put dès lors expédier directement le télégramme suivant au grand quartier-général :

Hunspach, 1er août 1870 — 4 h. du soir.

L'infanterie ennemie s'est avancée par la grande route de Haguenau et a forcé la division à se retirer en combattant jusqu'à Soultz.

La 1re brigade de la 1re division d'infanterie de l'armée du sud se trouve à Sourbourg et à Reimerswiller, le 7e chasseurs et une brigade de cuirassiers à Kuhlendorf ; 3 autres régiments de cavalerie se sont portés à Woerth par la route de Haguenau, suivis par une forte colonne d'infanterie.

La division occupe les hauteurs qui s'étendent de Soultz à Hoffen ; la brigade de hussards doit rejoindre le gros de la division à Aschbach.

Nieder-Roderen et Seltz sont occupés par un escadron de la division et par de la cavalerie du 11e corps.

L'ennemi occupe Forstfeld avec le 13e bataillon de chasseurs et le 8e hussards.

Je réclame avec instance une nouvelle batterie à cheval.

Quartier-général d'Hunspach.   1re division de cavalerie.

Les rapports sur l'installation des avant-postes arrivèrent successivement. Ils occupaient les positions suivantes :

DROITE : BRIGADE DE GROSSE CAVALERIE.

Escadrons détachés.

2e escadron du 1er uhlans à Lampertsloch et aux environs ; près de lui était arrivé un escadron de uhlans du 5ᵉ corps d'armée. Ces deux escadrons avaient des grand'gardes vers Preuschdorf et à la lisière du bois de Liebwald (230). Ils se tenaient en contact avec l'ennemi au moyen de patrouilles dirigées du côté de Woerth et vers le sud au delà de Merschwiller.

Détachements d'avant-postes

Détachement de l'ouest : Colonel F. avec les 1ᵉʳ et 4ᵉ escadrons du 1ᵉʳ uhlans à Soultz, où ils étaient installés dans des granges, à l'entrée de la ville, et à Retschwiller. Gare de Soultz occupée par des hommes à pied. Vedettes au bord du plateau de Soultz. Une grand'garde se trouvait, en outre, sur la hauteur située au nord d'Ober-Kutzenhausen.

Détachement de l'est : Commandant Y. du 1ᵉʳ cuirassiers.

4ᵉ escadron du régiment de cuirassiers à Hermerswiller. Grand'garde à Hohwiller. Vedettes au bord du plateau ; poste de sous-officier à la sortie d'Hohwiller, à l'est du village.

3ᵉ escadron du régiment de uhlans près du pont du chemin de fer au nord d'Hoffen ; le pont occupé par des hommes à pied ; l'escadron à 500 pas en arrière, masqué par une petite hauteur. Les patrouilles dépassaient Hoffen et escarmouchaient sans cesse avec celles qui venaient de Kuhlendorf.

Gros de la brigade de grosse cavalerie.

3 escadrons du régiment de cuirassiers et la 2ᵉ batterie à cheval à Schœnenbourg et à côté du village.

GAUCHE : BRIGADE DE HUSSARDS.

Escadron détaché.

4ᵉ escadron du 2ᵉ hussards à Nieder-Roderen. Pont de la Seltz occupé par un peloton à pied. Patrouilles vers Forstfeld, patrouilles volantes se reliant avec Seltz et Bühl.

Détachement d'avant-postes.

Gros : 1ᵉʳ et 2ᵉ escadrons du 1ᵉʳ hussards à Aschbach.

Grand'gardes : Nº 1, au pont de la scierie de Leiterswiller, nº 2, à Ober-Roderen, poste de sous-officier à Bühl.

Gros de la brigade.

État-major de la brigade : 3ᵉ et 4ᵉ escadrons du 1ᵉʳ hussards à Nieder-Seebach.

1ᵉʳ, 2ᵉ et 3ᵉ escadrons du 2ᵉ hussards et la 3ᵉ batterie à cheval à Ober-Seebach.

RÉSERVE : BRIGADE DE DRAGONS.

État-major de la division et de la brigade avec le 2ᵉ dragons à Hunspach et à côté du village.

1ᵉʳ dragons à Ingolsheim et à proximité du village.

Un escadron de cuirassiers de Schœnenbourg et un escadron du gros des avant-postes d'Asch-bach avaient été désignés par les généraux de brigade pour suivre l'ennemi sans retard dans le cas où il se retirerait ou dessinerait quelque mou-vement sur les flancs.

La position générale des avant-postes dut être un peu modifiée, parce que la grand'garde de cui-rassiers qui était à Hohwiller se vit dans l'impos-sibilité de se maintenir dans sa position. De peti-tes patrouilles d'infanterie se glissaient par le ravin de Reimerswiller jusqu'à Hohwiller, et comme on ne pouvait leur opposer aucune résis-tance, elles devenaient de plus en plus témé-raires et pénétraient même dans le village. A diverses reprises, des vedettes avaient été abattues ou leurs chevaux blessés; l'escadron d'Hermerswiller accourut en vain pour déloger les tirailleurs ennemis; le commandant de cette partie de la ligne se vit obligé de replier les postes sur la hauteur d'Hermerswiller. Le 4ᵉ escadron qui occupait ce village en fut quitte pour un peu moins de repos et de sécurité : hommes et chevaux furent installés dans les vastes granges qui se trouvent à l'entrée du village.

Quelques patrouilles d'infanterie marchèrent aussi contre les troupes qui occupaient la gare de Soultz, en longeant le plateau et le bois de Ramsbach. De temps à autre, les vedettes de uhlans qui avaient été poussées jusque là furent aussi refoulées par le feu de ces tirailleurs.

Le 1er escadron de uhlans qui se trouvait à Soultz parvint cependant à établir un poste de 20 hommes à pied jusqu'au bord du plateau ; ce poste bien défilé surprit bientôt après avec son feu une nouvelle patrouille ennemie, qui perdit une partie de son monde. Ce petit succès finit par rendre l'ennemi plus circonspect sur ce point.

Il était inutile d'envoyer des patrouilles d'officier sur le front, car elles n'auraient pas découvert plus qu'on ne voyait de la ligne des vedettes ; la brigade de grosse cavalerie et la brigade de hussards se contentèrent d'en détacher sur les flancs de la position de l'adversaire. Elles ne purent constater qu'une chose : c'est qu'à l'ouest, l'ennemi avait de l'infanterie à Hœlschloch et qu'à l'est, Hatten et Rittershofen étaient occupés par ses cuirassiers.

D'un autre côté, quelques petites patrouilles de hussards se montrèrent au nord de Hœlschloch et des uhlans sur la route de Woerth. On se crut même un instant sérieusement menacé de ce côté par un escadron ennemi dont la marche avait été signalée par un peloton de uhlans qui s'était porté de Retschwiller au delà de Merschwiller. Six pelotons des uhlans de Lampersloch marchèrent sur cet escadron et le forcèrent à se retirer sur Woerth. Dans le courant de la journée, on reçut encore avis du détachement de Lampersloch que l'ennemi avait occupé Gœrsdorf et

Dieffenbach avec de l'infanterie, et que ses vedettes couronnaient la crête qui se prolonge entre
ces deux villages.

Pour compléter l'ensemble des renseignements
obtenus, nous ajouterons que, dans la soirée, le
4ᵉ escadron du 2ᵉ hussards envoya le rapport
suivant de Nieder-Roderen : « Forstfeld est encore
occupé par des chasseurs à pied ; les hussards
ennemis bivouaquent au sud de la ville et se con-
tentent d'envoyer quelques patrouilles vers Seltz
et Nieder-Roderen. »

Le général de division alla encore, vers 5 h.,
à Hermerswiller, et de là il se rendit par le moulin
situé au nord d'Hoffen à Aschbach, où il avait
donné rendez-vous au général D., commandant
de la brigade de hussards. Celui-ci fit son rapport sur ce qui s'était passé à sa brigade détachée ;
nous en verrons les détails dans la relation qui
arriva dans la soirée.

La brigade avait déjà envoyé à Hunspach
divers renseignements sur les forces qu'elle avait
devant elle. En résumé, il y avait une grand'-
garde de chasseurs à cheval près de Kuhlendorf
et des grand'gardes de cuirassiers près de Rittershofen et de Hatten, soutenues par de forts piquets
établis dans ces villages.

L'adversaire avait voulu d'abord, il est vrai,
placer ses grand'gardes plus en avant et ses
vedettes le long de la Seltz, mais il en avait été
empêché par le feu de nos grand'gardes de hussards, déjà en position sur la rivière. Le gros de

sa cavalerie s'était retiré derrière les hauteurs de Kuhlendorf pour bivouaquer dans la plaine ou cantonner dans les villages qui bordent la forêt de Haguenau.

Le général de division profita de son entrevue avec le général D. pour le mettre au courant de la situation générale et lui exposer les projets qu'il avait déja eu le temps de préparer pour le lendemain.

« D'après les observations qui ont été faites, dit-il, il est certain, pour le moment, que l'ennemi a de grandes forces en avant de Soultz et à Woerth; sur chacun de ces points, il y a au moins une brigade d'infanterie et trois régiments de cavalerie. On ne peut encore dire à quelle distance ses masses se trouvent derrière ces têtes de colonne.

« Il va sans dire que nous devons rester attachés à sa piste sans discontinuité. La chose ne sera pas bien difficile, s'il reste encore demain dans ses positions; même en supposant que sa cavalerie veuille nous repousser, il lui faudrait au préalable se concentrer, tandis que nous avons l'avantage de pouvoir réunir toutes nos forces à tout instant sur un même point.

« Si, cependant, l'ennemi prend l'offensive, il est probable qu'il marchera concentriquement sur Soultz et qu'il dépassera cette ville, ce qui ne l'empêchera pas de diriger une partie de ses forces, principalement la cavalerie signalée à Kuhlendorf, par la rive gauche de l'Hausauerbach.

« Je devrai donc couvrir provisoirement les deux rives avec la brigade de hussards et celle de grosse cavalerie ; la direction du mouvement de l'ennemi m'indiquera sur quelle rive je devrai employer ma brigade de réserve. Toutefois, mon intention est de ramener toutes mes forces sur la rive gauche, si nous sommes fortement poussés, afin de nous replier sur Lauterbourg et avoir ainsi plus de liberté dans nos mouvements qu'en rétrogradant directement sur Altenstatt.

« Dans ces conditions, vous aurez à garder aussi longtemps que possible la ligne de la Seltz en avant d'Ober-Roderen et Bühl et à constater de bonne heure les mouvements des troupes que vous avez devant vous.

« Les ponts du Hausauerbach seront reconnus par la brigade de dragons, faites-en autant de votre côté, afin de pouvoir déboucher immédiatement sur la rive droite. »

Le général ajouta quelques explications et dit qu'il enverrait, du reste, un ordre écrit à la brigade ; il retourna ensuite à Hunspach, où il arriva vers 8 heures.

On lui rendit compte du résultat des reconnaissances qui avaient été exécutées sur ces entrefaites : on avait pu constater l'existence d'un pont sur l'Hausauerbach, donnant passage au chemin de la station d'Hunspach à Ober-Seebach, et un deuxième au moulin situé au nord d'Hoffen ; les deux ponts avaient environ sept pas de largeur ; ils étaient en bois et assez solides pour supporter de gros charrois ; la cavalerie pouvait, par conséquent, les traverser au trot et en colonne par trois. Il y avait aussi un gué au moulin d'Hunspach ; le chemin du village au moulin aboutissait à ce gué sans se prolonger toutefois sur la rive gauche, mais on débouchait dans un large vallon, et les pentes de la rive opposée étaient assez douces pour qu'on pût les gravir sans difficultés.

Du reste, le ruisseau coulait en beaucoup d'endroits au milieu de prairies marécageuses et on ne pouvait guère le passer ailleurs que sur les ponts.

Les rapports de la brigade de grosse cavalerie n'ayant signalé aucun changement dans la situation, on put s'occuper de l'ordre à préparer pour le lendemain. Il était ainsi conçu :

1re div. de cavalerie.   Quartier-général d'Hunspach,
                     1er août — 3 h. 30 m. du soir.

L'ennemi occupe Sourbourg et Reimerswiller. On croit qu'il a sur ces points la 1re brigade de sa 1re division d'infanterie, le 7e chasseurs à cheval et une brigade de cuirassiers. Trois régiments de cavalerie et plusieurs bataillons sont arrivés à Woerth par la route de Haguenau ; leurs avant-postes sont à Gœrsdorf et Dieffenbach. Le 13e bataillon de chasseurs et un régiment de hussards ont évacué Nieder-Roderen et Seltz et se sont retirés sur Forstfeld.

Aujourd'hui, matin, 2 août, la 1re division de cavalerie continuera à observer les mouvements de l'ennemi et se maintiendra en contact avec ses forces principales.

La brigade de grosse cavalerie éclairera la région comprise entre Hoffen et les montagnes; *la brigade de hussards*, celle d'Hoffen à Nieder-Roderen. En cas d'attaque, celle-ci gardera la ligne de la Seltz entre ces deux points.

La brigade de dragons sera réunie à 5 h. du matin sur la place d'alarme à Hunspach.

Le général de division se trouvera à la même heure sur la hauteur au nord d'Hoffen.

Il y a des ponts solides sur l'Hausauerbach, au moulin qui se trouve au nord d'Hoffen et sur le chemin de la station d'Hunspach à Ober-Seebach; il y a, en outre, un gué à 1,000 pas en aval de ce dernier pont. Les brigades et les régiments reconnaîtront avec le plus grand soin, dès le point du jour, les chemins qui conduisent à ces deux ponts.

Les équipages et les bagages resteront sur la rive gauche de la Lauter au nord d'Altenstatt; ceux de la brigade de hussards s'y rendront également. Les voitures que les différents corps ont fait venir seront renvoyées le 2 août, au plus tard, à 3 h. 30 m. du matin.

Le général commandant la division, A.

12

On ajouta encore pour les brigades une indication générale de la position des avant-postes. Le général de division envoya ensuite le chef d'état-major à Schœnenbourg pour faire connaître ses projets pour le lendemain au commandant de la brigade de grosse cavalerie. Cet officier lui exposa « qu'en cas d'attaque, le commandant de la division tenait essentiellement à se maintenir sur la rive gauche du Hausauerbach ; à moins de circonstances exceptionnelles, la brigade de grosse cavalerie ne pouvait donc compter sur l'appui de la brigade de dragons. Les mouvements de l'ennemi décideront sur quelle rive il y aura lieu de faire agir la grosse cavalerie ; le général la ramènera, si c'est possible, sur la rive gauche ; mais il est probable cependant qu'elle sera obligée de rester sur la rive droite pour défendre à l'adversaire l'accès des débouchés d'Ingolsheim et de Riedseltz. Quoi qu'il arrive, le rôle principal du général de brigade B. est de s'assurer si l'ennemi ne fait pas quelque mouvement entre Hoffen et la montagne ; s'il se trouve en face de forces supérieures, il se retirera lentement sur Ingolsheim et Riedseltz. »

Dans la soirée arrivèrent à Hunspach les états des pertes et les demandes de munitions ainsi que les rapports des différents corps sur la journée ; l'intendant rendit compte que le service des vivres était assuré, et le médecin en chef de la division que les blessés qui se trouvaient à Soultz et à Hohwiller avaient été évacués sur Wissembourg.

L'officier supérieur du régiment de uhlans, qui avait été envoyé, le matin, à Soultz comme commandant d'étape, y passa la nuit, fort occupé.

Le résultat de ces divers rapports, quoique bien incomplets en raison même des circonstances, pouvait déjà donner d'utiles indications ; en voici le résumé :

1. *Pertes.*

Les pertes se montaient tant en morts qu'en blessés et disparus :

Brigade de dragons :

1er rég. de dragons : 7 officiers, 51 hommes, 59 chevaux[1].
2e   "   "   : 9   "   73   "   61   "

Brigade de hussards (en grande partie au combat à pied) :

1er hussards :   4 officiers, 67 hommes,   9 chevaux.
2e   "   :   3   "   5   "

Brigade de grosse cavalerie :

1er cuirassiers :   . . . . . . 7 hommes, 11 chevaux.
1er uhlans :   1 officier, 12   "   15   "

Artillerie :

2e batterie à cheval : . . . . . . 1 homme,   3 chevaux.
2e   "   3   "   5   "

Total des pertes : 21 officiers, 217 hommes, 168 chevaux.

Un grand nombre d'hommes, légèrement blessés, étaient restés à leurs escadrons.

---

[1] Dont 3 officiers, 32 hommes et 29 chevaux du 3e escadron.

Dans la brigade de dragons et la brigade de grosse cavalerie, ainsi qu'à l'artillerie, on put facilement remplacer le peu de chevaux qui manquaient avec ceux qu'on avait pris à l'ennemi. Le grand nombre de chevaux du 1er hussards qui étaient en trop par suite du combat à pied, furent envoyés sous la conduite d'un officier à Wissembourg, où ils devaient former un petit dépôt provisoire pour la division.

Quant aux hommes disparus, les divers rapports en indiquaient un grand nombre, qui sont cependant déjà ici compris dans l'ensemble des pertes. On ne pouvait savoir pour le moment si une partie de ces hommes avaient été tués ou faits prisonniers, ou s'ils n'avaient disparu que momentanément, et s'ils rejoindraient leurs corps.

Comme les brigades pouvaient s'être affaiblies par divers services tels que les escortes des prisonniers et des blessés, etc., quoiqu'on pût y employer de préférence aussi des hommes légèrement blessés, il leur fut prescrit d'envoyer, le lendemain, leurs situations d'effectif.

2. *Prisonniers.*

Il était facile de se rendre compte du nombre des prisonniers, car la brigade de hussards avait eu soin de diriger immédiatement tout ce qu'elle pouvait sur Tombach, et la colonne de droite, de son côté, avait dirigé hommes et chevaux sur Woerth, ainsi que les objets d'équipement.

Il est probable que des mesures analogues avaient été prises aussi par les escadrons détachés, car l'on trouva, dans l'après-midi, un certain nombre de prisonniers dans les villages occupés par les troupes, et on put les réunir dans les quartiers généraux. Sans prétendre à une exactitude complète, on arriva ainsi à une certaine évaluation approximative d'environ 150 prisonniers, dont 90 environ non blessés, se répartissant ainsi qu'il suit :

7e régiment de chasseurs :	3 officiers,	37 hommes.
9e " de cuirassiers :	1 "	25 "
3e " de lanciers :	. . . . . .	3 "
8e " de hussards :	. . . . . .	5 "
18e " d'infanterie :	1 officier,	76 "
96e " " :	. . . . . .	3 "
13e bataillon de chasseurs :	. . . . . .	11 "

Total : 5 officiers, 160 hommes.

Vingt-deux chevaux de prise étaient encore aptes à faire un bon service.

L'officier supérieur qui commandait à Soultz ne pouvait songer à examiner à fond tous les prisonniers. Il avait donc envoyé au quartier-général de la division, à Hunspach, aussitôt que la division avait pris ses emplacements, deux hommes, pris parmi les plus intelligents, en général des sous-officiers, de chacun des corps ci-dessus, pour y être interrogés par le chef d'état-major, à l'exception toutefois de ceux qui appartenaient aux chasseurs à pied et aux hussards, attendu qu'ils avaient déjà été examinés à la brigade de hussards, qui avait déjà envoyé un résumé de leur interrogatoire.

Le résultat de toutes ces recherches confirma les idées que l'on avait déjà sur la force et les mouvements de l'ennemi; d'après l'interrogatoire de la patrouille de lanciers qui avait été faite prisonnière, on pouvait déjà conclure avec assez de certitude que la colonne d'infanterie qui marchait sur Woerth se composait de la 2e brigade de la 1re division d'infanterie; du moins, les lanciers prétendaient avoir cantonné depuis deux jours dans un village près de Haguenau avec des hommes du 10e de ligne, qui serait parti avec eux dans la journée. Or, d'après les renseignements que l'on possédait sur les forces de l'ennemi, ce régiment appartenait à la 2e brigade de la 1re division.

3. *Évacuation des blessés.*

A 5 h. du soir, tous les blessés transportables qui se trouvaient à Soultz et à Tombach avaient été renvoyés en arrière; il ne restait plus que 37 hommes grièvement blessés des deux partis à Soultz, 11 à Hohwiller et 16 à Tombach. Sur le champ de bataille, à l'ouest d'Hohwiller, on n'avait pas encore fini de ramasser les armes et les effets d'équipement; on avait pu néanmoins en charger à Soultz une partie sur les voitures des blessés.

Tous les transports et les prisonniers avaient également été dirigés sur Wissembourg.

4. *Remplacement des munitions.*

L'artillerie avait consommé 87 obus, savoir : la 2ᵉ batterie à cheval, 22, et la 3ᵉ, 65.

Dans la cavalerie, le 1ᵉʳ dragons accusait 3,200 cartouches et le 1ᵉʳ hussards, 7,500 ; les autres régiments avaient à peine tiré. Le commandant de l'artillerie avait dirigé sur Hunspach les munitions trouvées sur les blessés pour les remettre à la brigade de hussards. Le général de division envoya ensuite un télégramme au 5ᵉ corps d'armée, pour lui demander de tenir prêtes à Wissembourg, pour le lendemain matin, une voiture de munitions d'infanterie et une d'artillerie, tirées de ses colonnes de munitions afin de compléter les munitions de la division.

5. *Subsistances.*

Comme les troupes avaient été réparties assez au large dans des villages qui n'avaient encore subi aucune réquisition, on pouvait satisfaire à leurs besoins sans être obligé de recourir aux rations de réserve. Il n'y avait d'incertitude à cet égard que pour Ingolsheim, où nos dragons avaient cantonné la veille, et pour Schœnenbourg, qui avait été occupé par les chasseurs ennemis.

En vue de parer à toutes les éventualités, l'intendant avait déjà fait venir, dès midi, quelques voitures à Riedseltz, afin de pouvoir les diriger immédiatement sur Ingolsheim et Schœnenbourg aussitôt qu'on aurait réparti les cantonnements.

6. Rapports.

Nous passons sous silence les rapports adressés par les corps à la division à Hunspach, où ils se succédèrent jusqu'à 10 h. du soir, ainsi que celui de la division au grand quartier-général et la relation à transcrire sur le journal de marche; nous en connaissons la substance et nous avons déjà indiqué comment ils doivent être rédigés. Nous nous contenterons de donner celui de la 3ᵉ brigade de hussards, afin de faire connaître les événements qui se sont passés à cette brigade :

RAPPORT DE LA 3ᵉ BRIGADE DE CAVALERIE SUR LE COMBAT DE NIEDER-RODEREN, LE 1ᵉʳ AOUT 1870.

Conformément à l'ordre de la division du 30 juillet, la brigade quitta son bivouac de Schleithal, le 1ᵉʳ août à 5 h. 30 m. du matin pour se porter par Tombach sur Nieder-Roderen.

Deux escadrons du 1ᵉʳ hussards furent envoyés en avant pour obtenir de bonne heure des renseignements sur l'ennemi; le 1ᵉʳ escadron se dirigea de Siegen droit sur Nieder-Roderen en

passant à l'ouest de Neudorf; le 4ᵉ escadron prit
à l'est du même village et se porta sur Seltz en se
tenant en même temps en communication avec la
cavalerie du 11ᵉ corps, qui devait s'avancer par
la grande route de Seltz, ainsi qu'il avait été con·
venu à Lauterbourg.

Les deux autres escadrons du 1ᵉʳ hussards formèrent l'avant-garde de la brigade. Au moment
où la tête de ces escadrons traversait Tombach,
on entendit des coups de fusil vers le sud.

Aussitôt après, on fut informé par le 1ᵉʳ escadron qu'il avait repoussé des patrouilles de hussards ennemis sur Nieder-Roderen, qui paraissait
occupé par quelques cavaliers à pied, et qu'il allait
prendre ses dispositions pour en chasser l'adversaire.

Lorsque la tête de la brigade arriva sur les
hauteurs au nord de Nieder-Roderen, trois pelotons à pied du 1ᵉʳ escadron avaient déjà cherché
à s'emparer du village, mais ils avaient été repoussés avec des pertes assez considérables. On
put constater que le village était occupé par de
l'infanterie, que l'on sut plus tard être la 4ᵉ compagnie du 13ᵉ bataillon de chasseurs.

En même temps, le 4ᵉ escadron faisait connaître
qu'il y avait également de l'infanterie à Schafhausen et dans le bois en avant de Seltz.

Le général de brigade s'assura par une reconnaissance plus complète qu'il n'y avait pas beaucoup de monde à Nieder-Roderen et que les forces
qui s'y trouvaient ne paraissaient pas suffisantes

pour occuper la lisière de ce village. Il résolut, en conséquence, de faire une nouvelle tentative pour déloger l'adversaire.

Il donna l'ordre au 1er escadron du 1er hussards de prendre position sur la hauteur pour combattre à pied et d'entretenir un feu de tirailleurs contre les défenseurs des maisons les plus avancées; pendant ce temps, les 2e et 3e escadrons devaient tourner le village à l'Est et s'avancer en longeant la Seltz contre la ligne de retraite de l'ennemi, en débouchant sur le pont qui se trouve à 1,500 pas à l'est du village. La batterie fut également dirigée sur ce point pour enfiler le village dans sa longueur. Le 2e hussards resta en réserve entre les deux fractions du 1er hussards.

L'ennemi, voyant les hommes à pied des 2e et 3e escadrons du 1er régiment s'avancer le long de la lisière de la forêt, évacua aussitôt le village sous le feu de la batterie et se retira sur Forstfeld, poursuivi par des troupes du 1er hussards. Il était 7 h. 15 m.

La brigade allait alors diriger le 2e hussards et la batterie sur Schafhausen, mais elle dut renoncer à ce projet pour faire face à l'adversaire qui revenait de Forstfeld avec des renforts et marchait sur Nieder-Roderen.

Les trois escadrons du 1er hussards occupèrent la lisière sud du village; la batterie prit position sur la hauteur au Nord, d'où elle pouvait battre la route et la lisière de la forêt. Le 2e hussards resta encore en réserve prêt à parer à un mouvement tournant de l'ennemi ou à envoyer des renforts sur le village.

L'attaque de l'adversaire eut lieu à 8 h. 15 m. Après trois quarts d'heure d'un violent combat, il fut de nouveau forcé de se retirer sur Forstfeld, jusqu'où il fut suivi par nos patrouilles.

Sur ces entrefaites, on apprit que Seltz avait également été évacué et occupé par l'escadron dirigé de ce côté et par la cavalerie du 11ᵉ corps.

L'adversaire fit des pertes assez sérieuses à Nieder-Roderen : 16 prisonniers, appartenant au 13ᵉ bataillon et au 8ᵉ hussards, tombèrent entre les mains de la brigade, sans compter un certain nombre de chasseurs grièvement blessés qui furent transportés à Nieder-Roderen.

D'après le dire des prisonniers et le résultat des observations faites, l'ennemi avait posté à Forstfeld, pour couvrir cette région, un détachement composé du bataillon de chasseurs et du régiment de hussards. Deux compagnies avaient été poussées de là vers Seltz, et deux autres vers Nieder-Roderen et Hatten, avec quelques pelotons de hussards ; le reste était resté en réserve à Forstfeld[1]. L'attaque de Nieder-Roderen comprenait deux compagnies.

L'ennemi occupa les ponts de Forstfeld et de Benheim sur le Sauerbach.

Vers 3 h., on reçut de la division l'ordre de marcher sur Aschbach, en laissant un escadron

[1] Le bataillon de chasseurs est supposé de 5 compagnies.

sur les derrières. Le 4ᵉ escadron resta à Nieder-Roderen et la brigade arriva à 4 h. à Aschbach; là elle prit ses cantonnements ainsi qu'à Ober- et Nieder-Seebach et plaça ses avant-postes le long de la Seltz, en face de ceux de l'ennemi (chasseurs à cheval et cuirassiers) qui étaient établis à Kuhlendorf, Rittershofen et Hatten.

Les pertes de la brigade se montent à 4 officiers, 70 hommes et 14 chevaux, tant morts que blessés et disparus. Le 2ᵉ hussards est compris dans ce total pour 3 hommes et 5 chevaux, et le 1ᵉʳ escadron du 1ᵉʳ hussards, qui fut le plus éprouvé, pour 2 officiers, 33 hommes et 7 chevaux.

Nieder-Seebach, le 1ᵉʳ août, 9 h. 15 m. du soir.

Le général commandant la brigade, D.

CONSIDÉRATIONS SUR LES ÉVÉNEMENTS SURVENUS DE 2 H. 10 M. DE L'APRÈS-MIDI, JUSQU'A LA FIN DU JOUR.

Ainsi que nous l'avons vu, le général de division crut nécessaire de rappeler la brigade de hussards de Nieder-Roderen à Aschbach, où elle arriva à 4 heures. Elle avait surtout pour mission de garder la rive gauche de la Seltz et de l'Hausauerbach. Ce terrain jouait un rôle important dans les conceptions du général A. Il est évident que si on ne le couvre pas suffisamment pour en empêcher l'accès à la cavalerie ennemie, la division ne peut songer à rester à Schœnenbourg ni à Ingolsheim, pas même à Riedseltz, et qu'elle se verra obligée de reculer sans retard au delà de Riedseltz. Il est donc indispensable de diriger des forces sur Aschbach pour retarder au moins la marche de l'adversaire par ce village, surtout s'il prend l'offensive pendant que la brigade de hussards se trouve encore à Nieder-Roderen, exposée à se trouver complétement coupée du gros de la division.

Il résulte de ces considérations qu'il ne fallait pas évacuer le plateau au sud de Soultz en ramenant toutes les forces disponibles droit en arrière pour les laisser dans les environs de Reimerswiller. La réunion des deux ailes de la division qui se trouvaient à Reimerswiller et à Nieder-Roderen pouvait se faire plus sûrement et plus vite en portant rapidement et par le plus court chemin le gros de la colonne de droite sur Aschbach ou au nord du village, au moment même où l'on abandonna le plateau.

La situation, de 2 à 4 heures, pouvait devenir des plus critiques pour la division, si l'ennemi avait encore l'intention de pousser plus loin. Où la cavalerie aurait-elle pu alors réunir ses deux ailes, si les trois régiments de cavalerie ennemis s'étaient trouvés à Aschbach, pendant que leur infanterie marcherait sur Soultz? Ces mouvements étaient cependant très probables.

Les commandants de grandes masses de cavalerie se trouveront toujours exposés au danger de pareilles situations, s'ils ne savent pas embrasser tout le terrain d'opération et s'ils se laissent influencer principalement par les événements qui se déroulent sous leurs yeux et sur un seul point.

Lorsque, le matin, on ne recherchait encore que les masses de l'adversaire, il est évident qu'il fallait suivre la direction que pouvaient prendre ces masses, c'est à dire, les grandes routes. On aurait pu alors réunir encore à temps les colonnes séparées sous la protection d'escadrons d'éclaireurs. Mais lorsque le gros des forces fut arrivé en 1re ligne, et qu'on se trouva non seulement en contact avec les masses de l'ennemi, mais qu'on fut même en partie repoussé, il est évident que l'aile droite devait se porter au point qui lui permettrait le mieux de remplir sa mission. C'était incontestablement la rive gauche de l'Hausauerbach; la route de Soultz à Wissembourg n'avait plus en ce moment pour la cavalerie qu'une importance secondaire et là il suffisait d'avoir relativement peu de forces pour la couvrir.

Nous aurions donc préféré diriger la brigade de dragons du côté d'Aschbach ou au nord de ce village, lorsqu'on évacua le plateau de Soultz. La brigade de grosse cavalerie pouvait laisser quelques escadrons pendant un certain temps sur la ligne de Soultz à Hoffen, pour couvrir sa retraite et se replier sur Hunspach, prête à se porter aussi sur la rive gauche de l'Hausauerbach, si cela était nécessaire. Dans ces circonstances, en supposant même que la cavalerie ennemie se montrât de bonne heure, il eût été possibe de réunir au moins à Nieder-Seebach toutes les forces de la division, à l'exception seulement de quelques escadrons restés en observation. On aurait eu ses forces concentrées pour le combat et l'on se serait ménagé une plus grande liberté d'action pour ses opérations qu'en exposant les deux ailes de la division à la nécessité de se retirer chacune isolément sur la Lauter.

Le vieux proverbe est toujours vrai : A la guerre, celui qui fait le moins de fautes est celui qui a le plus de chances. Quand on critique avec calme après les opérations, on pourra, même dans la campagne la plus brillante, trouver maintes fautes chez le vainqueur; le vainqueur lui-même en indiquera peut-être les plus importantes. Mais la conduite des opérations n'a généralement pas été aussi défectueuse ni aussi simple que se le figure souvent une critique malveillante, qui se fait jour plus tard. Les deux adversaires sont en général conduits par des hommes intelligents et à hauteur de leur position ; les dispositions qu'ils ont prises sont généralement dictées par l'inspiration du moment, le succès se prononce pour celui des deux qui, toutes choses égales d'ailleurs, sait le plus rapidement voir et juger dans leur ensemble toutes les situations qui surviennent.

La guerre présente ceci de particulier que des appréciations et des dispositions qui, même au fond, sont fausses, deviennent néanmoins bonnes

peu à peu, soit que la propre réflexion vous ra-
mène avec le temps dans la bonne voie, soit que
les mesures de l'ennemi y rappellent votre attention. L'essentiel est alors d'exécuter réellement ce
qui est nécessaire, si l'on en a encore le temps.
On pourra souvent le faire, et alors les fautes qu'on
a pu commettre disparaîtront même sans qu'on
s'en aperçoive. Il en fut ainsi dans le cas actuel.
La brigade de hussards arrive encore à temps à
Aschbach; les dispositions prises à la fin du jour
permettent d'espérer qu'en cas de nécessité, la
brigade de dragons arrivera encore très rapidement sur la rive gauche de l'Hausauerbach et l'on
n'a pas à craindre une séparation des deux ailes
de la division, si l'ennemi s'avance et vous oblige
d'abandonner sans retard une grande étendue de
terrain.

La rive gauche du ruisseau n'en est pas moins
le terrain le plus important pour l'ensemble de la
situation, et si l'adversaire reprend l'offensive, le
lendemain matin, il est probable que ses mouvements amèneront naturellement le gros de la
division à la place qu'elle aurait dû déjà occuper
aujourd'hui.

Dans la période que nous étudions, il y a encore
un autre fait qui pourrait paraître assez surpre-
nant, *c'est de voir cantonner presque toute la division*. On peut bien s'en étonner, quand on l'a vue
bivouaquer tout entière le 30 juillet, lorsqu'elle
se trouvait encore au milieu de l'infanterie, et en

grande partie le 31, où l'on n'avait encore rencontré que quelques escadrons ennemis. Mais maintenant qu'on se trouve en présence et très près des masses de l'adversaire, il prend tout à coup fantaisie au général de ne faire bivouaquer que ses grand'gardes et ses piquets.

On ne saurait nier que le général qui se voit investi d'une mission indépendante avec sa division ne soit, dans le premier moment, en proie à une certaine surexcitation ; mais nous sommes portés à croire que cette surexcitation disparaît bientôt quand il a réellement l'adversaire devant lui et qu'il le voit de ses yeux ; c'est là un fait qu'on peut constater à la guerre chez beaucoup d'individus. Le général était encore sous cette impression, le 30 juillet, quand il pensait à la gravité de la mission qui lui était dévolue ; il en était de même le 31, lorsqu'il se voyait en pays ennemi avec l'adversaire à peu de distance ; mais maintenant le moment de la réflexion arrive ; il songe aux fatigues qui attendent ses troupes, aux grands sacrifices que vont leur imposer les combats en perspective et il ne tient pas à les augmenter encore par les nuits funestes des bivouacs. C'est ainsi qu'une appréciation calme de toute la situation amène déjà aujourd'hui le général à faire cantonner ses troupes, en les étendant assez pour être certain qu'elles pourront s'installer commodément,

Mais, dira-t-on, le général n'est-il pas tombé dans l'extrême opposé et les dispositions qu'il a

13

prises sont-elles bien aussi exemptes de dangers qu'il paraît le supposer?

Nous soulevons ici une question des plus importantes et nous nous proposons de la traiter à fond. Pour fixer les idées, nous prendrons pour base la division de cavalerie avec les cantonnements et les avant-postes qui lui ont été assignés le 1ᵉʳ août.

Supposons que l'ennemi revienne à l'attaque dans le courant de l'après-midi. Son infanterie ne marchera jamais assez vite pour empêcher la concentration de la 1ʳᵉ division de cavalerie à temps opportun ; si elle a quelque danger à craindre à cet égard, il ne pourrait venir que d'une attaque soudaine de la cavalerie de l'adversaire.

Il ne faut pas oublier que la division n'a été répartie dans ses cantonnements que pour une nuit. L'ennemi ne peut donc guère connaître que la position des avant-postes, tout au plus les emplacements de leurs piquets, et encore les renseignements que lui fourniront ses reconnaissances seront-ils bien incomplets.

Supposons maintenant qu'une masse de cavalerie se soit rassemblée au sud des hauteurs de Ruhlendorf et Rittershofen et débouche à 4 h. de l'après-midi. Elle dirigera son gros entre Hermerswiller et Hoffen, et portera en même temps une assez forte colonne dans la direction d'Aschbach.

Dès que ces colonnes arriveront à Kuhlendorf et Rittershofen, c'est à dire, vers 4 h. 8 m., elles seront aperçues par nos avant-postes et obligées, par conséquent, de hâter leur mouvement.

Si nous suivons la colonne de gauche, nous voyons qu'elle a une demi-lieue à parcourir pour arriver à la Seltz. Là, la tête reconnaît que le remblai de la voie ferrée au nord de Hoffen est occupé ; puis, elle aperçoit l'escadron de cuirassiers qui se trouve à Hermerswiller (4 h. 16 m.) ; la cavalerie de l'armée du sud se voit dès lors forcée de déployer l'escadron de tête, si cet escadron ne l'a déjà fait, et de diriger quelques escadrons vers les deux points occupés. Cela est d'autant plus nécessaire qu'elle ne tarde pas à voir des escadrons de uhlans dans la région comprise entre Hermerswiller et Soultz, ainsi qu'au nord de Hoffen. Or, la cavalerie ennemie ne peut pas encore distinguer si des masses de la 1re division de cavalerie soutiennent ces escadrons ni où elles peuvent se trouver ; elle est donc obligée de se déployer pour être prête à toute éventualité. La distance et la nature du terrain ne lui permettent pas d'arriver avant 4 h. 20 m. sur les hauteurs d'Hermerswiller, c'est à dire 12 minutes après avoir été découverte par nos avant-postes.

En supposant que l'avis envoyé par ces derniers ne parte qu'à 4 h. 12 m. pour Schœnenbourg et Hunspach, l'alerte pourra être donnée à 4 h. 16 m. à Schœnenbourg, et en admettant même que le signal n'en soit pas immédiatement entendu à Hunspach, l'avis y arrivera à 4 h. 20 m. au plus tard.

En tout cas, une fois sur la crête d'Hermers-willer, la cavalerie de l'adversaire ne peut plus s'avancer qu'avec une grande prudence. Elle voit nos escadrons devant elle ainsi que sur ses deux flancs ; le ravin des Sept-Fontaines ne lui permet pas de continuer sa marche au trot et la distance qu'elle a déjà parcourue l'oblige même à marcher au moins quelques minutes au pas. Ajoutez à cela qu'à 4 h. 25 m., la 2ᵉ batterie à cheval qui se trouve à Schœnenbourg peut déjà ouvrir son feu et forcer l'adversaire à porter son artillerie en avant et à abriter ses régiments. La cavalerie ennemie cherchera alors à profiter du rideau des hauteurs d'Hermerswiller pour marcher sur Soultz ou sur Hunspach. La direction la plus inquiétante qu'elle puisse prendre pour nous, c'est celle d'Hunspach. Il lui faudra au moins 15 minutes avant d'arriver à 1,000 pas de ce village et elle n'y sera, par conséquent, pas avant 4 h. 35 m.; mais alors on peut compter que non seulement le 2ᵉ dragons qui se trouvait à Hunspach se trouvera réuni sur ce point avec la brigade de grosse cavalerie, mais que l'autre régiment, venant d'Ingolsheim, sera sur le point d'y arriver.

Il est vrai qu'il ne faut plus espérer voir la division concentrée à hauteur de la 1ʳᵉ ligne, mais la répartition qui a été faite de la division ne l'expose, en tout cas, à aucun danger.

Dans le cas actuel, nous serions d'autant moins disposés à critiquer la répartition qui a été faite, que les bonnes dispositions prises permettront de donner l'alerte encore plus rapidement que nous ne l'avons supposé et que probablement la marche de l'ennemi se serait exécutée encore plus lentement. Nous dirons de plus que la cavalerie de l'armée du sud a été certainement quelque peu ébranlée par son échec de la matinée et par les opérations de la 1re division de la cavalerie dans le courant de l'après-midi, et ensuite, que la division ne veut pas abandonner trop de terrain sans une nécessité pressante, ni surtout renoncer à l'occupation de Soultz.

Pour aujourd'hui, il est difficile que l'adversaire fasse quelque mouvement ; il est 4 h. d'ailleurs, ses avant-postes sont placés et ses troupes prennent déjà leurs bivouacs ; tout indique, par conséquent, qu'il se livre au repos et qu'il n'inquiétera plus la division, du moins dans la journée.

Abstraction faite de ces circonstances, nous ne prétendons pas qu'il eût fallu bivouaquer, mais il eût été bon de ne pas laisser les avant-postes trop rapprochés de l'ennemi et d'assigner, par conséquent, les cantonnements un peu plus en arrière.

Il y a déjà un grand inconvénient à ne pouvoir concentrer la division à hauteur de la brigade qui se trouve en première ligne, sans compter qu'une grande partie de la division est obligée de faire demi-tour au plus vite, au premier avis de l'approche de l'ennemi. Sans parler de l'effet moral auquel nous attachons la plus grande importance, il en résulte encore une série d'autres inconvénients : les cavaliers qui étaient détachés isolément sont abandonnés à leur sort, des effets sont abandonnés, les voitures qui ne peuvent suivre assez vite sont en danger, les vivres sont laissés sur place, etc.

Ensuite, il faut bien être convaincu que le mauvais temps, la négligence des avant-postes, une alerte tardive ou d'autres circonstances analogues peuvent, même dans le cas actuel, forcer la division à se concentrer encore plus en arrière que nous ne l'avons supposé. Enfin, dans la situation où l'on se trouve ici, pour peu que l'ennemi envoie des reconnaissances un peu sérieuses, on se verra obligé chaque fois de donner immédiatement l'alerte à toute la division, afin de ne pas s'exposer à arriver trop tard, si les quelques escadrons que l'on aperçoit ont des masses derrière eux. Le gros n'est pas assez éloigné de l'avant-garde pour limiter l'alerte à l'avant-garde, quand on s'aperçoit qu'il n'est pas nécessaire de prendre des mesures plus sérieuses.

Pour peu que des alertes inutiles se répètent plusieurs fois de suite, le repos de toute la division en souffrira, ou elle n'y portera plus aucune attention et s'exposera alors au danger de manquer le moment où la chose devient sérieuse.

Pour nous résumer, nous dirons :

Même à une grande proximité de l'ennemi, la cavalerie peut s'installer dans les villages, malgré les nombreux inconvénients qui peuvent en résulter.

Néanmoins, elle fera bien de ne se cantonner en

totalité qu'exceptionnellement. Il en sera ainsi, par exemple, après une journée où l'on aura fait sentir vivement son contact à l'adversaire ou quand les circonstances exigeront qu'elle dispute le terrain pas à pas.

En tout cas, on sera à l'abri de toute inquiétude, en laissant un espace un peu grand entre soi et l'ennemi. Il n'est pas nécessaire de pousser les avant-postes à une distance telle que les vedettes aient constamment l'adversaire sous les yeux ; il faut en laisser le soin aux patrouilles qui franchissent la ligne des vedettes ; à celles-ci incombe de préférence le service de sûreté, aux patrouilles, celui d'observation.

Enfin, nous répéterons encore que, quand la division de cavalerie ne doit rester qu'un jour sur le même point, elle peut se permettre de tout autres mesures que quand elle doit y séjourner longtemps ; car si, dans ce dernier cas, elle arrive avec le temps à connaître la position de l'adversaire, celui-ci en fait autant de son côté et pourra s'avancer en connaissance de cause et avec plus d'audace et de rapidité que nous ne l'avons supposé dans l'exemple précédent.

En tenant compte de la cavalerie du 11° corps avec laquelle elle se relie, la division avec ses avant-postes et ses escadrons détachés sur les flancs, couvre d'une manière suffisante pour la nuit une étendue d'environ 7 lieues.

Les quelques escadrons détachés à Seltz, Nieder-Roderen et Lampertsloch suffisent pour observer

une étendue d'environ 4 lieues, tandis que pour
le reste de la ligne (3 lieues) le service d'avant-
postes (vedettes, grand'gardes, patrouilles et
piquets) exige 6 escadrons. Une force aussi considérable était imposée par le peu de distance où le
gros des forces se trouvait de l'ennemi. Les escadrons détachés n'avaient guère à s'occuper que
d'eux-mêmes; ceux, au contraire, qui se trouvaient de Retschwiller à Bühl avaient à couvrir
les masses cantonnées en arrière et à faciliter
surtout leur rassemblement en temps opportun,
en servant de soutien à la ligne même des avant-
postes.

Nous n'avons pas besoin de dire que la longue
ligne de ces avant-postes, surtout à une aussi
faible distance de l'ennemi, ne doit pas être mise
sous les ordres d'un seul commandant d'avant-
postes. Il vaut mieux la partager en plusieurs sec-
teurs dans le sens de la profondeur. La chose est
facile et tout indiquée, quand la ligne est coupée
par un accident de terrain, par une vallée, par
exemple, comme celle de l'Hausauerbach; mais il
n'en faut pas moins le faire quand le terrain ne
s'y prête pas naturellement; c'est ainsi que la brigade de grosse cavalerie forme elle-même deux
détachements d'avant-postes, qui trouvent leur
point d'attache commun en arrière, au gros de la
brigade.

Il eût certainement été plus agréable au commandant de la division de laisser la brigade de
dragons en première ligne pour la nuit au lieu

des cuirassiers et des uhlans; mais lorsque les mouvements se terminèrent, les régiments de grosse cavalerie se trouvaient en contact avec l'adversaire; c'était là la conséquence des événements.

Il faut des motifs tout particuliers pour employer aux avant-postes d'autres troupes que celles qui se trouvent en dernier lieu près de l'ennemi et qui sont naturellement le mieux renseignées sur sa situation. Elles savent exactement où sont les troupes qu'elles ont devant elles, où l'on en a vu d'autres et de quel côté elles ont disparu; elles connaissent les régiments qui se sont montrés aux différents points et distinguent bien vite si les troupes que l'on aperçoit sur d'autres points ne sont que des détachements des premiers ou si ce sont de nouvelles troupes. Enfin, l'attitude générale de l'ennemi se juge beaucoup plus sûrement quand on vient de l'observer pendant des heures entières que quand on est mis tout à coup en contact avec lui.

Quoi qu'il en soit, il est incontestable que la brigade légère est plus apte au service d'avant-postes que la brigade de grosse cavalerie, surtout quand il s'agit de garder certains points, ce qu'on ne peut faire convenablement que si l'on dispose d'un nombre suffisant de fusils. Dans notre exemple cependant, le général A. a bien dû se guider sur cette considération que les dragons ont eu à soutenir un combat sérieux dans la journée et qu'en pareil cas, il faut donner aux troupes, quand on le peut, le temps de rétablir avec le calme nécessaire les liens tactiques. Quelques escadrons ont perdu leurs officiers et ont reçu de nouveaux chefs ; d'autres ont besoin d'être reformés, remontés, etc., toutes choses que l'on peut très bien surmonter, si l'on n'en a pas le temps sur le moment, mais qu'il importe de régler avec soin quand on trouve le temps nécessaire ; l'intérêt des troupes y est attaché.

En général, les avant-postes des deux adversaires restent assez tranquilles quand, après une marche fatigante et des combats sérieux, ils ne doivent rester en position que jusqu'au lendemain matin. Il est certain qu'après de grandes fatigues, on est peu disposé à tenter quelque coup de main ou quelque autre entreprise, comme on se plaît souvent à le faire dans les manœuvres. Mais on saura bien vite retrouver l'énergie nécessaire pour faire du mal à l'adversaire, si l'on s'aperçoit qu'il n'est pas en mesure de se défendre contre les coups de fusil.

Ainsi il est probable que, pendant les quelques heures de jour qui restent encore, les vedettes de cuirassiers auront de la peine à se maintenir dans la zone des patrouilles d'infanterie, qui peuvent s'avancer impunément par le ravin d'Hohwiller. Il en est de même des vedettes de uhlans qui sont placées au sud de Soultz, car l'infanterie de l'adversaire ne manquera pas de se montrer de plus en plus audacieuse avec le temps. Ce n'est guère que grâce à la petite leçon que les patrouilles de cette infanterie ont reçue que la division de cavalerie reste encore en possession de Soultz.

Les désagréments auxquels est exposée la première ligne, quand elle ne dispose pas d'une arme suffisante pour se tenir à un éloignement respectable de l'adversaire, se feront encore plus vivement sentir que cela n'a eu lieu ici. En tout cas, c'est plutôt la place de la cavalerie légère que celle de la grosse cavalerie et l'on pourrait bien ne pas toujours réussir aussi facilement qu'on l'a fait ici, et même ne pas rester impuni, lorsqu'on mettra les cuirassiers aux avant-postes à aussi peu de distance de l'ennemi.

Pour terminer, nous dirons quelques mots du combat de la brigade de hussards à Nieder-Roderen. Si les événements de Reimerswiller et du Graswald nous ont permis de traiter du combat à pied dans la défensive de la cavalerie, nous allons pouvoir étudier la question sous un autre point de vue, et examiner le rôle que doit jouer le combat à pied dans l'offensive.

Ainsi que nous l'avons vu, lorsque l'escadron de hussards envoyé en éclaireurs s'aperçut que Nieder-Roderen n'était pas fortement occupé par de l'infanterie, il fit mettre pied à terre à trois pelotons qui se portèrent aussitôt à l'attaque. Du moment qu'il était décidé à attaquer, il est certain qu'il n'avait pas autre chose à faire. Le résultat fut loin d'être heureux; les hussards perdirent beaucoup de monde et furent obligés de se replier à toute vitesse sur la hauteur d'où ils étaient partis.

Puisse cet exemple nous servir de leçon et nous avertir qu'il ne faut pas trop demander à la cavalerie dans le combat à pied ! Une pareille attaque est déjà une chose des plus difficiles et des plus sanglantes pour l'infanterie, qui y est exercée à fond, et l'on ne doit en charger la cavalerie que lorsqu'on y sera forcé par la nécessité la plus absolue.

Il est arrivé souvent, nous le savons, que des masses de cavalerie ont été arrêtées et tenues en échec par quelques pelotons d'infanterie en position dans un défilé et c'est là principalement la raison qui a fait réclamer une bonne arme à feu pour la cavalerie. Mais qu'on ne se trompe pas sur la manière de l'employer et que l'on se garde bien de faire fausse route.

Il est certain que si l'on surprend l'adversaire dans son cantonnement, ou si l'on s'aperçoit d'un certain relâchement dans la discipline par les maraudeurs qui sillonnent le terrain aux abords de sa position, ou enfin si, après une grande défaite, des centaines de fuyards et d'hommes dispersés se trouvent réunis dans un village, il est certain, disons-nous, que la cavalerie peut payer d'audace et voir son attaque à pied couronnée de succès. Nous ne contestons nullement qu'une brigade de cavalerie, qui combattra à pied, surtout si elle est bien soutenue par de l'artillerie à cheval, ne puisse par une attaque de front enlever un village à une compagnie d'infanterie. Mais si elle a affaire à un adversaire habile, les pertes qu'elle éprouvera seront assez sensibles pour la mettre pour un temps appréciable hors de combat.

Nous répéterons donc encore une fois que l'attaque directe exécutée sur des villages ou autres lieux habités suffisamment occupés exige aujourd'hui un exercice si approfondi chez les officiers et les hommes que le service déjà si chargé de la cavalerie ne lui permet pas d'y consacrer le temps nécessaire ; on ne peut d'ailleurs arriver à un certain degré d'habileté qu'en raison du temps qu'on consacre à ces exercices ; de bonnes instructions peuvent bien et rapidement vous tracer la voie à suivre, mais elles ne sauraient remplacer la pratique. Une bonne arme à feu augmente sensiblement l'indépendance de la cavalerie, mais ce n'est nullement une raison pour l'employer à toutes les missions qui sont du ressort de l'infanterie. C'est absolument comme si l'on voulait imposer tous les services de la cavalerie à une compagnie montée d'infanterie.

D'ailleurs, qu'on n'oublie pas que la perte de la brigade de hussards, qui se monte à 70 hommes, s'augmente encore d'une vingtaine d'hommes qu'il faut renvoyer en arrière avec les chevaux de ceux qui ont été mis hors de combat.

Nous n'avons nullement l'intention de condamner d'une manière générale l'offensive de la cavalerie dans le combat à pied. Nous voulons simplement indiquer la voie qui nous paraît la plus féconde en résultats, en conseillant de tourner les positions qu'on veut enlever, sans s'exposer aux dangers des attaques de front.

La cavalerie qui attaque peut le plus souvent diriger son offensive sur de tout autres points que ne le ferait l'infanterie, car elle peut se porter rapidement au point d'où doit partir son attaque et gagner ainsi une grande liberté d'action.

L'ennemi voit des masses de cavalerie devant lui, mais il ne sait pas encore ce qui se trouve derrière ni ce qui peut arriver à tout instant. Cela ne le détermine pas encore à abandonner le village qu'il occupe. Mais il s'aperçoit que cette cavalerie cherche à l'envelopper, il sait que quelques centaines d'hommes peuvent mettre pied à terre, lui couper la retraite et lui envoyer des balles par derrière; son moral est alors ébranlé et souvent il préférera profiter d'un chemin non encore occupé pour évacuer la position plutôt que de s'exposer au danger de se laisser enfermer dans un village ou un bouquet de bois.

Nous avons essayé de montrer ce que nous pensions de l'offensive dans la plupart des cas, autant dans l'attaque de la brigade de hussards sur Nieder-Roderen que dans l'engagement du 4e escadron du 2e dragons au nord de Sourbourg. La cavalerie est le plus souvent en mesure de diriger son attaque à pied sur le point sensible à l'adversaire; elle pourra le faire d'autant plus facilement qu'elle saura mieux employer son artillerie et diriger les escadrons restés à cheval de manière que les hommes à pied puissent, en cas de nécessité, opérer leur retraite sans danger.

Ce que nous avons dit à propos des combats qui attendent la cavalerie lorsqu'elle rencontre la première ligne d'observation de l'adversaire peut s'appliquer tout aussi bien à de grandes masses de cavalerie sur le champ de bataille ou sur le terrain des opérations ; il n'y aura de différence que dans la grandeur des résultats.

CONSIDERATIONS SUR L'ARMÉE DU SUD.

Malgré les événements du 1er août, on n'est pas encore suffisamment fixé sur la position et les intentions de l'armée du sud pour porter un jugement fondé à cet égard. On a toutefois quelques jalons qui permettent de définir sa position.

Il est d'abord constaté qu'une division d'infanterie et une division de cavalerie se trouvaient aux environs de Haguenau, et que de là une brigade d'infanterie a été poussée sur la route de Soultz ; son avant-garde occupait la lisière nord de la forêt de Haguenau, et un régiment de chasseurs à cheval se trouvait à Soultz, chargé d'éclairer la frontière. A l'aile droite, un bataillon de chasseurs et un régiment de hussards avaient été détachés à Forstfeld et avaient occupé successivement divers postes à la lisière nord de la forêt en battant l'estrade du côté de Lauterbourg.

Le deuxième jour de l'arrivée de la 1re division

de cavalerie sur le territoire ennemi, l'adversaire avait fait appuyer ses escadrons avancés par une brigade de cuirassiers. Après avoir vu sa cavalerie repoussée et l'avoir ralliée au bord de la forêt de Haguenau, il fit occuper les villages qui se trouvent sur les hauteurs en avant de la forêt.

L'armée du sud envoya en même temps de Haguenau sur Woerth des forces assez considérables qui paraissaient destinées à s'assurer de ce débouché.

A l'aile droite, elle avait évacué Seltz et Nieder-Roderen et concentré à Forstfeld les troupes qui opéraient de ce côté.

En présence de ces faits, il était difficile de croire que l'on n'avait employé, dès le début, que deux régiments de cavalerie vers la frontière, et qu'on avait laissé les cinq autres derrière l'infanterie. On ne peut pas dire encore avec certitude si ces cinq régiments étaient arrivés assez à temps à Haguenau pour suivre le mouvement des premiers. S'il en était ainsi, il est probable que la cavalerie de l'armée du sud aurait été dirigée tout entière vers la Lauter; alors elle eût été non seulement en mesure de marcher avec succès contre la 1re division de cavalerie déjà sur cette rivière; de l'empêcher d'avancer et de masquer les mouvements de sa propre armée, mais elle aurait pu même faire parvenir des renseignements importants au commandant de l'armée, au moins sur les têtes de colonne de l'ennemi. Le commandant de l'armée du sud, en employant sa cavalerie, comme il le fit, oublia une partie importante de son rôle, en négligeant *de recon-naître et d'observer la position et les mouvements des masses de l'adversaire;* la conduite de l'armée du sud dans le service d'exploration ne peut qu'affirmer son idée arrêtée de rester sur la dé-fensive.

Du reste, il résulte de ce que nous avons dit que, si les deux masses de cavalerie opposées avaient été à leur véritable place, celle qui avait la supériorité du nombre pouvait seule remplir sa mission pendant un certain temps, en suppo-sant, d'ailleurs, une habileté égale chez les chefs et les troupes aussi bien exercées. La conclusion, c'est *que toute armée doit avoir toute sa cavalerie sur son front.*

Les mouvements de l'armée du sud, le 1er août, montrent qu'elle attache autant d'importance à l'occupation de la route de Soultz à Haguenau qu'à celle de Woerth. Ces deux points étant éloignés de deux lieues l'un de l'autre, elle est obligée de diviser ses forces. Il eût été certaine-ment plus simple de prendre une position con-centrée plus en avant pour couvrir en même temps les deux points. Il suffisait pour cela de faire occuper Soultz par toute la 1re division d'in-fanterie; ce point était déjà assez important par lui-même et est de plus le nœud de plusieurs routes. La division de cavalerie du 1er corps d'armée de l'armée du sud aurait pu être poussée de là tout entière vers la frontière sans aucun danger pour l'infanterie qui serait restée à Soultz, quand même toutes les forces de la 3ᵉ armée auraient pris l'offensive en masse.

Remarquons enfin qu'il eût été préférable pour la brigade d'infanterie de 1ʳᵉ ligne de ne pas se maintenir à la lisière de la forêt de Haguenau, mais bien sur les hauteurs de Sourbourg et de Reimerswiller, car c'est sur ces hauteurs seulement qu'elle pouvait trouver une position favorable pour appuyer avec succès sa cavalerie et dominer tout le terrain jusqu'à Soultz.

FIN.

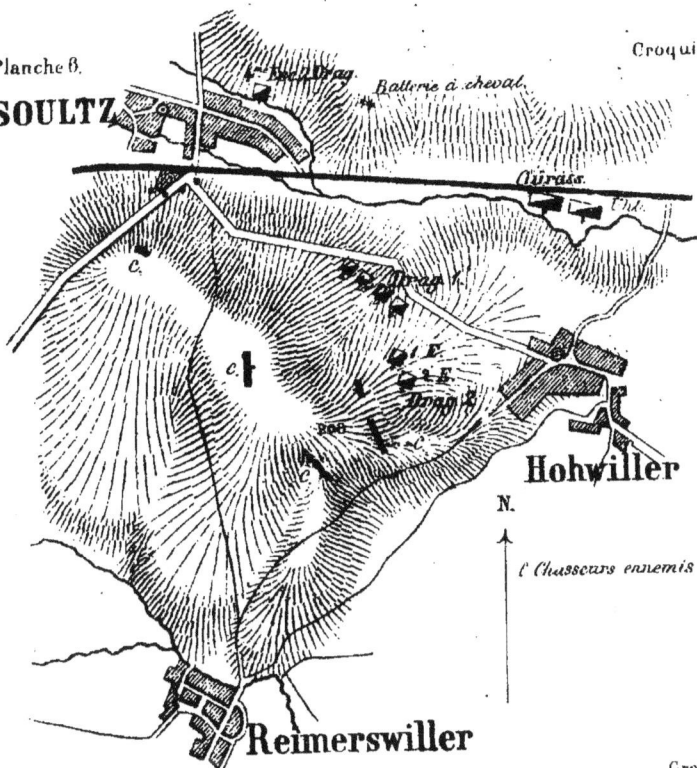

Planche 6.

Croquis 1.

SOULTZ

4me Esc.1 Drag.   Batterie à cheval.

Cuirass.

Esc. Drag.

Hohwiller

N.

l' Chasseurs ennemis

Reimerswiller

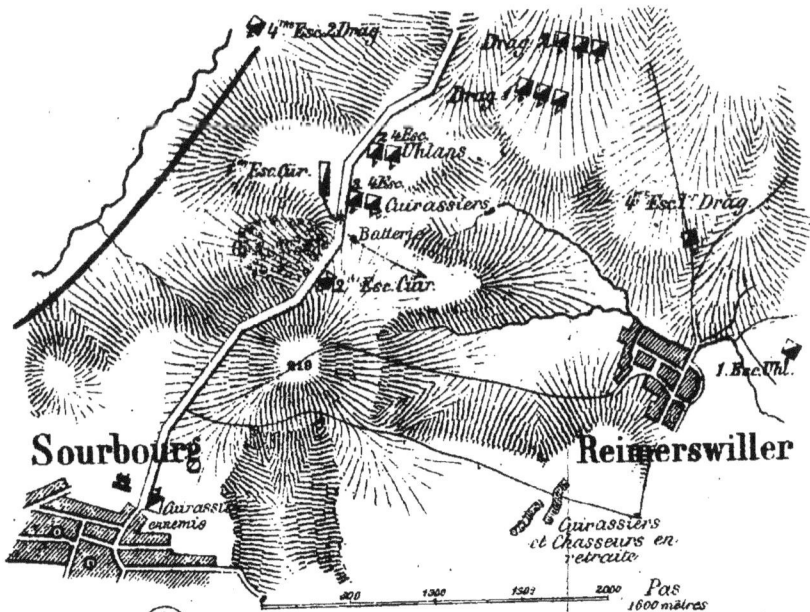

Croquis 2.

4me Esc.2 Drag.   Drag.

Drag.

4 Esc. Uhlans.

1me Esc. Cuir.   4 Esc.   4 Esc.1 Drag.

4 Esc.

Cuirassiers.

Batterie.

3 Esc. Cuir.

1. Esc. Uhl.

Sourbourg

Reimerswiller

Cuirassiers ennemis

Cuirassiers et Chasseurs en retraite

Pas
1600 mètres

200   1000   1500   2000

Verdy Etudes II. 2   R.F.   C. Muquardt.

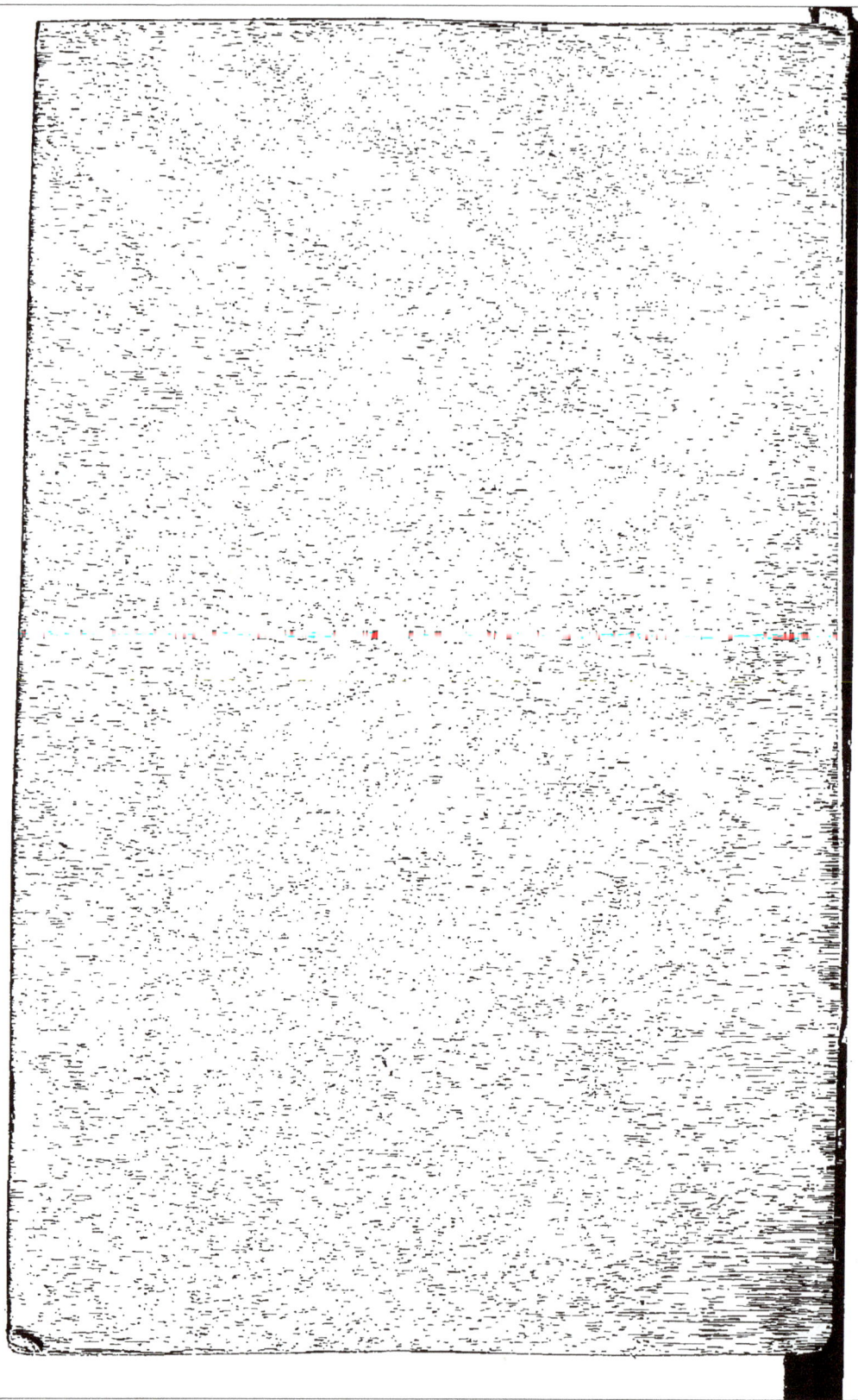

www.ingramcontent.com/pod-product-compliance
Lightning Source LLC
Chambersburg PA
CBHW071117280326
41935CB00010B/1037